# VERSAILLES

## AUX TEMPS FÉODAUX

Recherches historiques et généalogiques sur la Seigneurie,
les Seigneurs et l'ancien Domaine de Versailles

PAR

Adrien MAQUET

*Officier de l'Instruction publique, Membre de plusieurs Sociétés savantes.*

PRÉFACE

DE

M. le Comte DE DION

Président de la Société Archéologique de Rambouillet.

---

PARIS

ÉMILE LECHEVALIER, LIBRAIRIE HISTORIQUE DES PROVINCES,

39, Quai des Grands-Augustins.

1889

*Tous droits réservés.*

LAON. — IMPRIMERIE A. CORTILLIOT ET Cⁱᵉ, 22, RUE SÉRURIER.

# VERSAILLES

AUX TEMPS FÉODAUX.

Armoiries des Seigneurs de Versailles.

# VERSAILLES

## AUX TEMPS FÉODAUX

Recherches historiques et généalogiques sur la Seigneurie,
les Seigneurs et l'ancien Domaine de Versailles

PAR

Adrien MAQUET

*Officier de l'Instruction publique, Membre de plusieurs Sociétés savantes.*

PRÉFACE

DE

M. le Comte DE DION

*Président de la Société Archéologique de Rambouillet.*

PARIS

ÉMILE LECHEVALIER, LIBRAIRIE HISTORIQUE DES PROVINCES,

39, Quai des Grands-Augustins.

**1889**

*Tous droits réservés.*

# PRÉFACE.

Mon ami et confrère dans la Société archéologique de Rambouillet, M. Adrien Maquet me demande d'ajouter une courte préface à son livre sur *Versailles aux temps féodaux*. Auteur d'ouvrages remarqués il n'avait pas besoin d'emprunter une plume étrangère ; mais, quoique mes pages ne puissent rien ajouter au mérite de son ouvrage, je n'ai pu lui refuser cette marque de confraternité littéraire.

L'histoire de Versailles se résume presque toute entière dans celle de son château royal, sur lequel il a paru depuis quelque temps des livres remarquables. La vie municipale de la ville moderne vient de trouver un historien, et l'ouvrage de M. Le Roy sur les rues de Versailles fournit une foule de détails ignorés et curieux. Mais les meilleurs historiens ont jugé d'un médiocre intérêt de connaître les origines de ce lieu avant la construction royale et de raconter l'histoire du château en ruine qu'elle a remplacé et des familles qui l'ont possédé. M. Maquet passionné pour les recherches généalogiques n'a pas reculé devant le labeur souvent ingrat qu'elles imposent, et il a comblé cette lacune de l'histoire de Versailles. On sera étonné de tout ce qu'il a trouvé et de l'intérêt qu'il a su donner à un sujet un peu aride.

Versailles est un nom de lieu assez particulier. On ne peut en rapprocher que Versailleux dans l'Ain, Verseilles dans la Haute-Marne, Vercia dans le Jura, Versieux dans l'Isère et Verceil en Italie. L'étymologie tirée du versement habituel des blés me plait comme provenant d'un détail de la culture, ce qui est la source la plus fréquente des noms de lieu. Si ce n'est pas l'origine de ce nom c'est au moins une étymologie *a posteriori* forgée comme tant d'autres par l'usage populaire.

M. Maquet croit que les seigneurs de Versailles sont sortis des anciens vicomtes de Melun. Je n'ose ni l'approuver ni le contredire. Les origines de cette famille se confondent au onzième siècle avec celles des seigneurs de Gomets, de Neaufle-le-Château, de Châteaufort et de Chevreuse. Il est bien difficile de les distinguer et d'établir leur filiation. Ce que l'on peut affirmer, quoique le château de Versailles n'ait jamais été le chef-lieu d'une châtellenie, c'est qu'ils tenaient un rang élevé dans la province et qu'ils devaient être barons de France, c'est-à-dire vassaux directs du Roi. En 1038 Hugues de Versailles est un des fidèles du comte de Chartres. En 1052 Amaury de Versailles est seigneur dominant d'Oudart de Vernon pour des biens sur les frontières de la Normandie. Au treizième siècle Gilles de Versailles est bailli de Philippe Auguste et en 1211 (n. st.) il est avec deux autres baillis, Guillaume fils de Ménier et Jodocus de Septainville, chargé de régler un différent sur la terre de Tilly près Blaru entre l'abbaye de Coulombs et Raoul de Flins. (Arch. de Seine-et-Oise. E 2415).

Rien de plus confus que la géographie féodale du onzième siècle. Les pagi et autres divisions carolingiennes avaient été remplacés assez irrégulièrement par les comtés, châtellenies et prévôtés. Le titre de comté s'appliquait au territoire des villes anciennes ; celui de châtellenie à la circonscription militaire entourant les forteresses royales ; la prévôté était surtout d'ordre financier. Mais tout cela n'était pas la féodalité, qui fondée sur l'hommage personnel et l'hérédité des emplois, cherchait à tout absorber et ne voulait admettre que des vassaux et non des sujets. On sait qu'au onzième siècle beaucoup de nobles restaient en dehors de la hiérarchie féodale n'étant vassaux de personne, mais sujets du Roi sous la juridiction de ses fonctionnaires. Les premiers Capétiens luttaient pour conserver les institutions monarchiques et maintenir dans leur dépendance les châtelains et les prévôts. Ceux-ci arrivaient presque toujours à devenir vassaux héréditaires, et en même temps à contraindre les nobles et les hommes libres soumis à leur juridiction, à leur faire l'hommage féodal. Au treizième siècle la féodalité ayant tout absorbé les feudistes inventèrent le brocard : *Nulle terre sans seigneur*. Mais on aurait tort d'en conclure qu'il en était de même au onzième siècle. On disait alors au contraire : *Justice et fief n'ont rien de commun*.

Il en résulte que si l'on peut se rendre à peu-près compte des divisions administratives de l'époque, on ne peut tracer sur une carte les mouvances féodales et les biens des grandes familles. Voici un aperçu des divisions de cette partie du département. Versailles dépendait avec Marly et Villepreux de la châtellenie de Châteaufort. A côté s'étendait la châtellenie de Poissy dont les châtellenies de Maule et de Neaufle-le-Château peuvent être regardées comme des démembrements. En suivant la Seine on trouvait le comté de Meulan, puis la ville de Mantes qui portait le titre de comté, mais qui formait presque une petite république. Au sud de Mantes était l'Iveline possédée par les seigneurs de Montfort. Enfin en revenant vers Paris on trouvait les châtellenies de Maurepas et de Chevreuse. Plus loin et au sud de Paris était la grande châtellenie de Montlhéry.

On se tromperait si l'on croyait trouver dans ces divisions l'organisation féodale de la contrée. Les alliances, les héritages et les partages modifiaient sans cesse le patrimoine des grandes familles et compliquaient les mouvances. Outre les exemples que l'on trouvera dans l'ouvrage de M Maquet on peut citer la châtellenie de Villepreux qui relevait de Méréville en Beauce par ce que ces deux terres avaient été réunies dans la main de Gui du

Puiset au commencement du 12ᵉ siècle. Blaru près Vernon était un fief de Neaufle-le-Château. Les seigneurs de Montfort possédaient la mouvance de Noisy et de Bailly-en-Cruie près Versailles, celle de Chambourcy près Poissy et celle de fiefs près de Dreux — D'autre part la châtellenie de Montfort était habitée par des seigneurs qui n'étaient vassaux du comte de Montfort que pour la moindre partie de leurs propriétés. Les uns ne relevaient de lui que par l'assûrement de leur manoir, c'est-à-dire par la promesse de le mettre en sa main en cas de guerre ; aux autres il avait donné en fief un arpent ou deux pour avoir droit à leur hommage.

Voici un exemple pour faire saisir la différence du châtelain au seigneur féodal. En décembre 1312 Simon de la Queue, écuyer, et Marguerite, sa femme, déclarent avoir vendu « à religieus
» hommes l'abbé et le couvent de Neaphe les Viez quatre-vinz et
» oict arpens de bois et bois que l'en apele le Bois Nivard, pour
» sept cens livres de parisis, à posséder desdis religieus a tous
» jours mes amortis de nous et des autres seigneurs à qui il
» appartient, et leur promettons a leur donner lettres de la
» chastellenie de Montfort de la vente, de l'amortissement et de
» la garandise à rachat toutes fois que nous en serons requis. »

Simon de la Queue n'était pas vassal de Montfort pour ce bois, mais il le tenait d'Amaury de Maintenon, chef de la famille dont il descendait par un cadet. Ce fut celui-ci qui en février 1313 donna moyennant une somme de soixante livres, des lettres d'amortissement. Le seigneur de Maintenon était vassal de Chartres pour sa terre, et du comte de Montfort pour le donjon de son château. Ce n'était pourtant ni à l'un ni à l'autre qu'il reportait l'hommage de Simon de la Queue, mais au seigneur de Chevreuse. Ce furent donc Pierre d'Amboise et Jeanne, dame de Chevreuse, sa femme, qui approuvèrent cet amortissement par acte donné à Paris le 5 février 1313. Mais comme le seigneur de Chevreuse était vassal de l'évêque de Paris, celui-ci confirma à son tour la vente par lettres du jeudi après les brandons (8 mars) 1313.

L'approbation des troisième et quatrième seigneurs garantissant de tout retrait féodal, l'acte authentique de vente put être dressé le mardi de Pâques (17 avril) 1313 devant Guillaume Labonne, tabellion de la châtellenie de Montfort dans l'étendue de laquelle le bois était situé, et scellé des sceau et contre sceau de cette châtellenie et du signet du tabellion. Tout étant ainsi en règle, l'abbé de Neaufle paya le prix de la vente le jeudi après la Saint-Marc (26 avril) 1313. Enfin en mai, Iolande, duchesse de Bretagne et comtesse de Montfort, donna une charte de garantie de cette transaction « sauf et retenu à nous et à nos successeurs » toute notre justice haute et basse et notre souveraineté. » (1)

Il serait facile de trouver dans l'histoire de la famille de Versailles des exemples de cette complication de mouvances qui donnait déjà fort à faire aux feudistes du temps, et qui nous rend si difficile l'étude des fiefs. Je ne veux citer que ce qui arriva lors de l'agrandissement du parc de Versailles, sous Louis XIV. Le Roi avait acheté pour 250,000 livres à l'abbaye de Sainte-Geneviève de Paris, Galie et Choisy-aux-Bœufs, de plus 107 arpens entre Choisy et la Ménagerie, Trianon, etc. Il avait aussi acquis de plusieurs particuliers des terrains en divers lieux. Le duc de Chevreuse réclamait sur toutes ces ventes le droit de quint ou le cinquième du prix d'acquisition, et de plus deux cinquièmes de ce prix comme dédommagement de la directe féodale et du droit de justice que le Roi s'attribuait. En 1692, lorsqu'il s'agit de lui donner le comté de Montfort en échange du duché de Chevreuse, le total de ces droits fut évalué à 424,428 livres, soit au moins quatre millions de valeur actuelle. Malheureusement pour lui, la Chambre des Comptes n'accepta cet échange que sous le bénéfice d'une vérification qui traîna quatorze ans et fut loin de lui être avantageuse. Les commissaires nommés refusèrent d'admettre qu'il fût seigneur de Trianon, de Galie, de Choisy et de diverses pièces de terre et déclarèrent qu'il avait

---

(1) Tous les originaux de ces actes se trouvent munis de leurs sceaux aux archives du château de Galluis.

reçu à tort une somme de 188,884 livres, près de la moitié de ce qui lui avait été alloué de ce chef. Il dut rendre cette somme en 1710 avec les intérêts depuis sept ans pour partie et depuis vingt-six ans pour Trianon et Galie.

On a peine à comprendre commment les commissaires qui avaient fait l'échange de 1692 avaient put se tromper sur un fait de mouvance féodale qui avait une importance financière aussi considérable.

Bien des détails curieux se trouvent épars dans l'ouvrage de M. Maquet, que l'on lise l'accord conclu en 1188 sur la justice du prieuré St-Julien (p. 27). On y verra prévu le verre de vin que l'habitant pris en délit rural doit offrir au sergent, garde champêtre de l'époque ; on y lira que le seigneur doit avoir la moitié du prix des maisons de bois construites pour être emportées et la chose ne peut être trouvée injuste puisque le bois était pris dans la forêt du seigneur ; enfin on y trouvera que le prieur doit conserver son droit de four même dans le cas où le village de Versailles serait transporté sur un autre emplacement.

Plus on étudie l'organisation féodale plus on trouve ce champ vaste et difficile à embrasser d'un coup d'œil. Ce qui est vrai de la féodalité du onzième siècle ne l'est plus de celle du treizième. A la fin de ce siècle après la longue paix inaugurée par le règne de Saint-Louis, la féodalité affaiblie parait tendre à disparaitre. Les châteaux-forts sont démantelés et abandonnés ; la terre divisée à l'infini est entre les mains de tous ; il semble qu'un état social assez semblable à celui de l'époque moderne soit sur le point de s'établir. Mais arrivent les malheurs de la guerre de cent ans. Les nécessités d'une lutte acharnée font revivre la féodalité. De même au seizième siècle le protestantisme lui rend une nouvelle force qui n'est brisée que par Richelieu.

Au dix-huitième siècle il ne reste plus que des débris de ce système maintenus par la force de l'habitude. Le plus préjudiciable de ces débris d'un état social qui avait eu sa raison d'être, était la complication fâcheuse qu'il imposait au régime des biens ruraux. Si on avait pu faire disparaitre progressivement et sans confiscation ces entraves de l'agriculture, la féodalité eut disparu d'elle même.

On me permettra en terminant de faire des vœux pour le succès du présent volume, tant pour récompenser le travail acharné de l'auteur que pour l'encourager à publier d'autres travaux en préparation sur Villepreux, Louveciennes et Rueil et sur les seigneurs de Poissy. Chacune de ces notices ajoutera un chapitre à l'histoire du département.

Montfort l'Amaury, 10 Juin 1889,

Comte A. DE DION.

M. Maquet a déjà publié un beau volume sur les *Seigneurs de Marly*, et un autre sur *Bougival et la Celle Saint-Cloud*. Il a de plus fait paraître dans les Mémoires de la Société Archéologique de Rambouillet une *Notice sur Noisy-le-Roi*, puis, en collaboration avec l'auteur de la présente préface, le *Nobiliaire du Comté de Montfort*. Les Mémoires de la Société des Sciences morales de Versailles renferment trois notices de lui sur le *Château de Noisy-le-Roi*, sur *Roquencourt* et sur *Bailly-en-Cruie*. Enfin on trouvera dans les Mémoires de la Société de l'Histoire de Paris et de l'Ile de France son *Histoire de l'Etang-la-Ville*.

## Le Val de Galie, au XVIᵉ siècle.

Le Val de Galie situé entre les anciennes divisions féodales du Mantois, du Pincerais, de la Laye, du Parisis, du Josas et du Hurepoix, occupe environ deux lieues de 25 au degré de longueur, dans la direction du sud-est au nord-ouest, depuis Viroflay jusqu'à Villepreux, et une lieue-et-demie environ, dans sa plus grande largeur du nord au sud, depuis Rocquencourt jusqu'à Satory. Dans des titres du XVIᵉ siècle ce vallon est appelé Gally ou Galye.

Au nord se voyait le donjon des châtelains de Rocquencourt, flanqué de tourelles et entouré de murs, sur un côteau boisé dominant la plaine parsemée de bois et de marécages, et la chapelle de St-Nicolas à peu de distance et sous la protection du donjon. Dans la plaine les hameaux se resserraient autour de leurs clochers. Au pied du castel antique s'étendaient les bois de chênes qui avaient vus les sacrifices druidiques, et où se cachaient la chapelle de Saint-Antoine et les chaumières éparses du Chesnay au milieu desquelles s'élançait la flèche de l'église de Saint-Germain, patron du lieu. Vers l'est, s'élevait la tour carrée à quatre étages de Clagny et les bâtiments de la ferme, le tout bâti à l'extrémité d'un étang immense s'étendant depuis ce lieu jusqu'au chemin de St-Germain (1); et Glatigny, dont le manoir

---

(1) Cet ancien chemin occupait l'emplacement de la rue Maurepas. (L. Dussieux *Le Château de Versailles*, I. p. 2 note 4).

appuyé sur le penchant d'une colline semblait une sentinelle avancée, destinée à protéger le gros bourg de Montreuil placé au versant sud de la colline sur la même ligne que Glatigny, mais vers l'endroit le plus bas du vallon ; puis les bâtiments de la Maladrerie, bordés par le grand étang derrière lesquels s'élevait le monticule de Montbauron, possession des Célestins.

Du haut de cette butte et dans l'éloignement, on apercevait Châville, situé au levant, dominé par son hostel seigneurial, et qui n'était séparé du hameau de Viroflay, que par quelques marais. Au sud, des hauteurs couronnées de bois, et à leur pied un château flanqué de tourelles, avec de vastes celliers, des granges et autres bâtiments, entourés de larges fossés alimentés par une fontaine ; c'est là l'ancien manoir bâti deux siècles auparavant par Etienne Porcher, le sommelier du roi Jean ; Porchéfontaine, la clef du vallon. Des fourches patibulaires placées à l'entrée du pont indiquaient le terrible pouvoir accordé aux Célestins pour se défendre et tenir en respect les vilains et manants de Montreuil, dont on apercevait le gros bourg et l'église au pied même de « Montberon. »

Vers l'ouest, un monticule, le mont de Versailles, sur le haut duquel se trouvait un moulin à vent, sur le versant sud s'étend le village de Versailles et l'église de Saint-Julien. Entre l'église et le moulin s'élève un château presque en ruine, au sud derrière le village était un cimetière, puis à droite un marais et à gauche une forêt peuplée de cerfs. Cette forêt était dominée sur le côteau par les hostels de Satory et de Lessart. Vers l'ouest, on découvrait des pâturages arrosés par plusieurs cours d'eau, à gauche, se voyait Choisy-aux-Bœufs, gros village animé par des auberges et des troupeaux, à droite, c'est le bourg de Trianon et son église. Dans le lointain, la chapelle de Galie et les terres des religieux de Sainte-Geneviève. Puis, au pied des hauteurs en s'éloignant vers l'ouest, à gauche, le manoir féodal de Saint-Cyr, et l'antique abbaye de Notre-Dame-des-Anges, dominés par le vieux castel de Guyencourt. Dans la plaine, au pied des côteaux boisés, se voient les villages de Fontenay-le-Fleury et des Clayes. De l'autre côté de la plaine, au nord, se voyait le château ou forteresse du Haut-Bailly, sur la butte Portas, parmi les chênes séculaires de la forêt de Marly ; maison ruinée et destinée à disparaître pour toujours ; le castel du Bas-Bailly, résidence du cardinal de Gondy. Sur la même ligne, caché au bord et parmi les arbres de ladite forêt, l'important château de Noisy-en-Cruye, bâti sur la pente du côteau boisé, et dont le cardinal de Gondy illustra le séjour par sa présence, et par la préparation de la paix de 1594, qui y fut concertée et menée à bonne fin, ce qui mit le terme à la guerre civile de la Ligue.

Dans le milieu de la plaine, à l'horizon, et dans une gorge étroite, enfoncement du vallon, se voyaient les murailles et tourelles de Villepreux, les toits aigus de son château et le clocher roman et en bâtière de son église, semblant sortir du sol et l'effleurer à peine de quelques pieds ; Villepreux, bourg ancien et renommé, château qui fut prison d'Etat, lieu traversé par l'ancienne route de Normandie, égayé par le passage des rouliers qui y avaient le choix entre de nombreuses hôtelleries.

Une autre route nommée le chemin des Bœufs passait à Choisy, les troupeaux s'y abreuvaient dans un bassin portant le nom de ce village, puis passaient dans un chemin tracé entre les bois de Satory et les marais assez vastes qui plus tard furent rétrécis et devinrent un lac magnifique ; puis ils tournaient vers le nord et passaient dans Versailles, ils rentraient presque aussitôt dans les bois et passaient devant un cabaret qui était souvent le rendez-vous des chasseurs, puis ils traversaient le bourg de Montreuil en suivant un chemin sinueux qui a conservé son nom de rue aux Bœufs, et de là se dirigeaient sur Meudon et Paris, par Porché-fontaine, non sans s'être abreuvés de nouveau à la fontaine des Porcher. (1)

---

(1) J.-B de Sainte-James Gaucourt. Versailles, seigneurie, château et ville. *Essai historique.*, p. 12.

## L'ANCIENNE SEIGNEURIE DE VERSAILLES.

Versailles était, dans l'origine, un pauvre village perdu au milieu des bois et des marécages, ce qui explique son peu d'accroissement, car, avant que Louis XIV n'y eut établi la résidence de la cour, il était peu habité, mais lors du séjour du Roi-Soleil, ce lieu devint fort important, de sorte que l'on peut dire que ce règne fut la transformation complète de Versailles, et fit surgir de terre toutes les merveilles que l'on admire toujours, sans se lasser, et que Louis XIV aima à rassembler en ce lieu.

Suivant différents auteurs l'étymologie du nom de Versailles serait tirée de deux mots francks : *Warge* (petite élévation, monticule), et *Allein* (isolé), représentant l'idée d'un monticule désert ou isolé, qui s'appliquait très-bien à l'emplacement de la principale habitation de Versailles, l'ancien château des seigneurs bâti sur une éminence au milieu de la vallée. Un autre étymologiste a écrit que par suite des violents et fréquents tourbillons de vent qui régnaient au Val de Galie et surtout à l'endroit où fut depuis le village de Versailles, les grains versaient très-souvent, d'où vint le nom de Versailles (1). Si ces étymologies

---

(1) Cicerone de Versailles, p. 1. (Versailles. 1805.)

laissent quelque peu à désirer, comme toutes les choses de ce genre, elles sont du moins assez vraisemblables l'une et l'autre.

Dans l'ancienne juridiction du diocèse de Paris, l'on comptait la collégiale, la léproserie et le prieuré de Versailles ; le prieuré de Glatigny ; la paroisse de Montreuil, son annexe, la chapelle de Villa-Offlem (Viroflay) ; et celle de Cativilla, que nous appelons Châville.

Le bourg de Versailles était situé dans l'intervalle compris entre les rues actuelles de Saint-Julien et de Satory, et celle de l'Orangerie et de la Bibliothèque. Le château seigneurial se trouvait bâti sur le penchant du monticule au nord du village ; l'église était sur l'emplacement actuel de l'aîle sud du grand commun ou de l'hôpital militaire. Le cimetière là où l'on voit aujourd'hui la rue du Vieux-Versailles, et sur l'emplacement de l'hôtel d'Orléans, et du petit Séminaire.

Au sud, des champs cultivés entouraient le bourg, tandis qu'au sud-ouest des marécages occupaient le lit actuel de la pièce d'eau des Suisses, et des bois couvraient les pentes des coteaux de Satory, des Gonnards et de Viroflay et s'étendaient presque jusqu'à l'emplacement occupé aujourd'hui par la grille du château. Telles étaient les limites du vieux Versailles.

Indépendamment des châteaux fortifiés et des seigneuries situés au Val de Galie, dont nous avons déjà parlé, il y existait encore nombre de fiefs ou petites seigneuries, dont les noms ont disparu ou sont oubliés, et parmi lesquels il convient de citer les fiefs de : La Boissière, Sabinois ou plutôt Sabrevois, Sarjolant ou Sargolant, Zigrefin ou Aigrefoin, Vauhallan, L'Orme-Rond, Saint-Mars, les Mariettes, Saclay, la Boulie, la Ritouère ou la Ritoire, la Verrerière, Cornehart, Montalain et autres, dont la consistance est inconnue ainsi que l'emplacement qu'ils occupaient pour la plupart.

Dès une époque fort reculée, les seigneurs de Marly de la maison de Montmorency étaient les seigneurs suzerains de ceux de Versailles, ce qui se voit par une charte de l'an 1194, donnée par Mathieu de Marly, et Mathilde, son épouse, où figurent Gilles de Versailles, et Garnier de Rocquencourt.

Les seigneurs de Sèvres, et les Célestins de Paris, furent ensuite suzerains de Versailles, et les possesseurs de ce lieu leur devaient la foi et l'hommage.

Dans la liste de la taille mise sur les villes dont les prieurés ou églises étaient à la nomination de l'abbé de Saint-Magloire, en 1284, l'on voit que Versailles était imposé à quarante sols (1) Le village existant au moins dès le XI$^e$ siècle, la taxe qu'on lui avait imposé semble indiquer que la population était en raison de la taille, et peu considérable.

En 1458, l'on comptait à Versailles, 16 paroissiens ou chefs de famille, et en 1462, il y en avait 24. Il est vrai que la guerre de Cent ans n'avait pas aidé à l'augmentation de la population, mais l'avait au contraire très-affaiblie.

Ce ne fut que dans la seconde moitié du seizième siècle que le village de Versailles, par l'entremise de l'un de ses seigneurs, fut doté d'un marché. Ce seigneur était Martial de Loménie, un homme de bien, qui, dès la prise de possession de sa nouvelle seigneurie, voulut faire pour les habitants un acte qui leur fût utile. Ce fut dans cette intention qu'il obtint au mois de juillet 1561, des lettres du roi Charles IX, portant établissement à Versailles, d'un marché tous les jeudis, et de quatre foires par an. Ces quatre foires ne duraient qu'un jour chacune, et ces jours étaient : le 25 janvier, le jeudi de la mi-carême, le mercredi d'après la Pentecôte, et le 28 août, jour de la fête de St-Julien que l'on célébra jusqu'en 1667, et qui ne contribuait pas peu à la rendre la plus belle et la plus grande de ces quatre fêtes. Le roi Henri IV faisait très-grand cas de ce seigneur de Versailles, et il venait même avec le marquis d'Elbeuf et un très-petit nombre d'amis et de courtisans, « *courir avec lui le cerf à Versailles.* » La première fois que ce roi vint en ce lieu fut vers 1570, après la

---

(1) *Visites de l'archidiaconné de Josas,* par Jean Mouchard, curé de Saint-Erland de Bagneux.

paix de Saint-Germain, appelée la paix boîteuse et mal assise (1), il avait alors dix-sept ans, et se rendait en poste au-devant de la reine-mère.

L'on raconte que Martial de Loménie ayant été poursuivi comme protestant, et enfermé au Châtelet, Albert de Gondy, comte de Retz, qui possédait Noisy et désirait acquérir Versailles, lui fit proposer sa liberté sous la condition de lui vendre Versailles ; Loménie y consentit, mais malgré cet engagement d'honneur, il fut massacré dans sa prison, à la Saint-Barthélemy, avec quinze autres huguenots. Ainsi périt le seul seigneur de Versailles qui, jusque-là peut-être avait pensé au bien de ses vassaux (2).

Quelque temps après, du 6 au 12 juin 1574, se découvrirent plusieurs gens de guerre tant de pied que de cheval, tenant les champs vers Trappes, Versailles, Ursines, Viroflay et villages circonvoisins, et vivant à discrétion, desquels l'on ne put savoir les noms ni l'entreprise (3).

En 1588, les villages de Saint-Nom-la-Bretèche, Trianon et Versailles concoururent à l'élection du député de la Prévôté de Paris, aux États-Généraux.

L'année suivante (1589), Henri III et le roi de Navarre s'étant réunis à Tours, et marchant de concert sur la ville de Paris, révoltée, Henri de Navarre séjourna les 7, 8 et 9 juillet à Versailles, puis il alla ensuite à Saint-Germain, et de là à Saint-Cloud, où Henri III venait d'être assassiné par Jacques Clément, moine fanatique ; ce qui donna la couronne de France au roi de Navarre.

Comme nous l'avons dit, Henri IV vint chasser quelquefois à Versailles, il y prit ce plaisir le 15 janvier 1604, et le 13 janvier

---

(1) Ainsi nommée à cause du sieur de Malassise qui y fut employé, et dont la prévision ne fut que trop justifiée par la suite des événements.
(2) En 1634, Louis XIII rétablit de nouveau, à Versailles, quatre foires par an et un marché le jeudi.
(3) P. Lestoile. *Journal de Henri III*. T. I, p. 83.

1609, il y vint dîner chez Henry de Gondy, évêque de Paris, ce qui porte à croire que du vieux château féodal en ruine, il restait encore quelques parties fort habitables.

Louis XIII étant dauphin et âgé seulement de six ans, vint chasser dans les bois de Versailles dans les circonstances suivantes. Il était à Noisy le 24 août 1607, lorsque tout à coup il lui prit fantaisie de vouloir aller à la chasse. Il donna ses ordres à M. de Ventelet, son maître d'hôtel, en lui disant : « *Tetay,* » *faites atteler le carrosse, je veux aller à la chasse; Taine (capi-* » *taine), faites tenir prêts les oiseaux.* » A quatre heures et demie il entra en carrosse pour aller à la chasse (c'était la première fois) ; il fut mené aux environs du moulin de Pierre, allant vers Versailles, et revint avec un levraut, cinq ou six cailles et deux perdreaux. De retour, à souper, il raconta ce qu'il avait vu de la chasse (1).

Dix-sept ans après (1624), le jeune chasseur devenu roi, faisait bâtir le château de Versailles. Le 2 juillet de cette année, le Roi, qui était à Versailles, depuis le 29 juin, avec ses mousquetaires, et qui, la veille avait pris un cerf, en fit donner la curée à ses chiens, puis il revint au château, fit faire ensuite l'exercice à ses mousquetaires, et enfin traça lui-même le plan de la basse-cour de sa maison.

Louis XIII demeurait alors au château des Gondy, où son père avait dîné en 1609 comme nous l'avons dit, et où lui-même coucha le 9 mars 1624, se faisant apporter son lit qu'il avait envoyé chercher à Paris, et qu'il aida lui-même à préparer. Le duc de Saint-Simon rapporte dans ses Mémoires, que, dès 1624, Louis XIII était ennuyé et sa suite encore plus d'avoir souvent couché à Versailles dans une mauvaise hôtellerie, un méchant cabaret à rouliers, ou dans un moulin à vent, étant excédé de ses longues chasses dans la forêt de Montfort et de Saint-Léger,

---

(1) Eudore Soulié. *Journal d'Héroard, premier médecin de Louis XIII*, aux dates citées.

et plus loin encore, il fit construire à Versailles un premier rendez-vous de chasse (1).

L'on voit dans le journal d'Héroard, à la date du 2 août 1624, que la maison de Louis XIII était assez avancée pour que l'on en meublât une partie : « Le Roi, venu de Saint-Germain, sa » résidence ordinaire, à Versailles, s'amusa à voir toutes les » sortes d'ameublements que le sieur de Blainville, premier » gentilhomme de la Chambre, avait fait acheter ; et jusqu'à la » batterie de cuisine. »

Le 3 novembre 1626, la maison était achevée, et d'après Héroard, Louis XIII fit un excellent festin aux Reines, Marie de Médicis et Anne d'Autriche, et aux princesses, où il porta le premier plat ; puis il s'assit aux pieds de la Reine. Le Roi fit garder dans ce repas un ordre merveilleux ce qui s'explique en disant que l'on pendait la crémaillère, et que Louis XIII voulait que la fête se passât avec la décence qu'il apportait en toutes choses. Après le repas, il donna aux dames le plaisir de la chasse, qu'il se donnait souvent à lui-même, dans les bois giboyeux qui entouraient sa maison.

Enfin, le 24 août 1627, Héroard nous apprend que le Roi visita son plant, c'est-à-dire son parc où il avait fait planter grand nombre de jeunes arbres, car le terrain sur lequel s'établit Louis XIII était composé de terres labourables, de prés et de friches.

Les actes d'achats de terres faits par Louis XIII à Versailles, confirment ce que dit Héroard sur la construction du château, et nous donnent le nom du propriétaire sur la terre duquel le Roi fit bâtir sa maison.

---

(1) Ce rendez-vous de chasse est le centre ou le rudiment du château actuel. Louis XIV voulut le conserver « *Si le vieux château n'est pas solide, dit-il à ses* » *architectes, vous le reconstruirez.* » Plus tard, quand son œuvre grandiose fut terminée, il disait à M. de Gramont, l'un de ses vieux courtisans : « *Vous* » *souvient-il d'avoir vu un moulin à vent en cet endroit ?* » Oui, Sire, le moulin a disparu, mais le vent est resté, lui répondit ce fin et spirituel gentilhomme.

Un auditeur de la Cour des Comptes, nommé Lebrun, était possesseur à Versailles d'une assez grande étendue de terres, sa fille, Marguerite Lebrun, était mariée à Jean Martin, contrôleur général de la maison de Gaston, duc d'Orléans, frère du Roi. Ce fut à Jean Martin que Louis XIII acheta le 5 juin 1624 « divers » héritages situés au terroir de Versailles et des environs. » Au mois d'août de la même année, le Roi acheta encore 142 arpents aux héritiers de Lebrun, il en prit possession et ne paya pas, ce qui était, paraît-il, une habitude chez lui. Hâtons-nous d'ajouter que le 27 septembre 1632, il signa un acte important qui régularisait cette situation : « Le Roi achète » dit cet acte, (exactement le Roi paie), « à Marguerite Lebrun, épouse » autorisée du sieur Jean Martin, contrôleur général de la Maison » de Monseigneur le duc d'Orléans, une maison sise au bourg » de Versailles, auprès du château de Sa Majesté, avec un » jardin et un arpent de terre, et 167 arpents de terres, prés et » pâtures, sur partie desquels héritages le Roi a fait bâtir son » dit château, jardin et parc, moyennant 16,000 livres, y compris » les dommages et intérêts de la non jouissance soufferte par les » vendeurs des dites maisons et héritages pendant huit ans. »

En 1631, Louis XIII voulant agrandir son parc et dégager le château et ses abords, acheta le 23 avril au prix de 9,856 livres, dix-sept lots de terres et de prés, formant un total de 117 arpents. Parmi les vendeurs l'on trouve : Jean François de Gondy, archevêque de Paris, qui reçoit 795 livres pour 6 arpents et 60 perches, et le sieur Jean Martin, héritier du sieur Lebrun, qui vend 35 arpents et 28 perches de terres et de prés, moyennant 2646 livres. En juin et juillet suivants, le Roi achète encore 10 lots de terres formant 30 arpents et 31 perches au total.

Le 8 avril 1632, Louis XIII acquit de Mr de Gondy, archevêque de Paris, la terre et le château de Versailles avec son annexe la Grange Lessart, moyennant 66,000 livres (1). Ainsi, pendant

---

(1) Environ 142,745 francs de notre monnaie actuelle. (J. B. de St-James Gaucourt. Versailles, seigneurie, etc. p. 10.)

huit ans, c'est-à-dire de 1624 à 1632, il avait existé à côté l'un de l'autre, deux châteaux de Versailles, l'un construit par Louis XIII, l'autre, le vieux château, le manoir féodal de la seigneurie et du fief de Versailles, détruit par le Roi.

L'acte de vente nous apprend en quoi consistait la nouvelle acquisition du Roi. La terre et seigneurie de Versailles se composait alors : d'un château, désigné comme vieux et en ruine, contenant cinq grandes travées de logis, trois autres travées à côté, deux tourelles sur le portail, colombier, bergerie, grange et étables, deux cours, un jardin et un clos, le tout contenant 4 arpents, de 183 arpents en terres labourables, vignes, prés, bois taillis et châtaigneraies, de quatre étangs, d'une grande ferme, d'un moulin à vent et d'une petite maison le joignant. La terre de Versailles, comprenait de plus, 68 arpents de terres labourables, prés, bois taillis, avec maisons, jardins, mare et fontaine au lieu de Mortemer, (1) et la Grange Lessart, consistant en une grande ferme, contenant granges, écuries, cours, deux clos de trois arpents, bois taillis d'un arpent, et 173 arpents de terres de labour, de bois taillis, bruyères, prés et pastis ; elle était affermée moyennant 1950 livres.

De plus, le Roi devenait possesseur de la grande garenne de Versailles, située sur le chemin de Paris, et contenant 5 arpents de bois taillis, de prés et de terres. Enfin, comme nous le verrons ailleurs, de la seigneurie de Versailles, relevait en plein fief celle de Glatigny valant 1000 livres par an.

La même année (1632), Louis XIII achète encore seize lots de terres, formant au total 85 arpents 16 perches et 5 quartiers, plus une maison. Il résulte des actes, que le Roi ayant enclos de murs son parc, y avait renfermé diverses terres qu'il n'avait pas encore achetées ou payées. Ladite année, il paie 1975 livres 10

---

(1) Le lieu dit Mortemets est situé au Sud-Ouest de la pièce d'eau des Suisses, une allée du parc menant de cette pièce d'eau au bassin de Choisy porte le nom de Mortemets, ce qui est très probablement le même nom que Mortemer, mais un peu altéré.

sols, 24 arpents et 65 perches de terres appartenant au curé de Versailles. Il indemnise aussi l'église de Versailles pour 2 arpents ; le président de La Barre, pour 13 arpents et 34 perches ; on paie au sieur Claude Gourlier, hôtelier, une maison que le Roi lui avait prise pour loger ses chiens.

A partir de 1632, les achats deviennent plus rares, en 1634, Louis XIII achète encore 1 arpent et 42 perches et le 13 avril 1641, 56 arpents de bois taillis (1), qui lui sont vendus par Jacques Lemaire, sieur des Moulineaux, lequel venait de les acheter, par acte du 22 mars 1641, à Jean Martin, Marguerite Lebrun, sa femme, et Germaine Lebrun, veuve d'Etienne Lemaire, sieur des Couldrais.

Le domaine de Versailles (sous Louis XIII), avait donc été constitué principalement avec les héritages des Lebrun, et la terre des Gondy (2).

Lorsque Louis XIII acquit une partie de la seigneurie de Versailles, l'aspect de ce lieu n'avait pas changé, le village était entouré de quelques terres labourables, et surtout de bois, d'étangs, de marais et de terres en friche. Les bois y couvraient la plus grande partie du sol depuis la plaine de Villepreux jusqu'à la Seine, et de cette masse forestière nous sont restés les forêts de Bois-d'Arcy, du Désert, du Cerf-Volant, de Satory, des Gonards, de Porchéfontaine, de Viroflay, de Châville, de Meudon, des Fausses-Reposes, de Ville-d'Avray, de St-Cloud, des Hubies, de la Celle-St-Cloud, de Rocquencourt, de la Croix-Blanche, de Marly et de St-Germain ou de La Laye.

Les étangs et les rus ou ruisseaux, jetaient leurs eaux par le ru de Galie dans la Mauldre, petit affluent de la Seine. Sur l'emplacement actuel de la pièce d'eau des Suisses se trouvait une grande mare qui s'étendait jusque dans le potager actuel, et communiquait par un ruisseau avec l'étang Puant, situé dans la

---

(1) Les bois de Villacoublay. (2). L. Dussieux. Le Château de Versailles. T. Ier p. 15 et suiv[tes].

pièce du Mail. Dans l'ancienne pépinière établie au bout de l'allée des Matelots, il y avait aussi une mare et des sources qui se rendaient dans la mare de la Ménagerie, à gauche de la route de Saint-Cyr.

Le bassin de Choisy actuel était alors la mare aux Bœufs. Avec les eaux d'un ru qui sortait de la mare de la Ménagerie pour aller se jeter dans celui de Galie, après avoir reçu les eaux d'un autre ru sortant de l'étang Puant et qui traversait la mare devenue le miroir actuel, l'on forma le grand canal. A Trianon, il y avait aussi un étang qui jetait ses eaux dans le ru de Galie. Le plus grand de ces étangs était celui de Clagny qui se déchargeait aussi dans le ru de Galie par un ru traversant le pré des Crapauds. L'étang de Glatigny s'écoulait par le ru de ce nom dans celui de Galie. Les trois étangs de Porchéfontaine appartenaient à un autre bassin, et leurs eaux se perdaient dans la Seine par la vallée de Sèvres et le ru de Marivel. Les chemins qui existaient alors entre Versailles et Paris, étaient au nombre de trois principaux, l'ancien chemin de Normandie, celui de Montfort, (ancienne route de Normandie et de Bretagne), et le chemin des Bœufs. La seigneurie de Versailles se composait d'un vieux château féodal bâti sur la partie sud-ouest du monticule, à l'angle de la rue actuelle de la Chancellerie et de celle de la Bibliothèque, où se trouve aujourd'hui le pavillon occidental de l'aile sud des Ministres, d'un petit village situé au pied du château, et de quelques fermes isolées avec leurs terres de labour.

## Le Domaine de Versailles.

Le domaine de Versailles, le plus considérable des domaines de la couronne eut dans le principe une circonscription très bornée, jusque en 1632 il ne comprenait que les seigneuries de Versailles et de la Grange Lessart ; mais Louis XIV qui voulait faire son principal séjour dans la ville qu'il venait de créer, agrandit non seulement son palais de Versailles, mais de plus, il acquit et réunit à ce domaine toutes les seigneuries et les fiefs environnants jusqu'à une grande distance, pour faire ce que l'on appelait encore au siècle dernier, le grand parc de Versailles.

L'édit du mois de décembre 1693, enregistré dans toutes les Cours de Parlement, fait voir que l'intention du Roi était que les divers domaines par lui nouvellement acquis, ne composassent à l'avenir qu'un seul et même fief, un seul et même corps de seigneurie et de justice avec la terre et seigneurie de Versailles, qu'il entendait faire administrer sous ses ordres. Dans ce but, il établit à Versailles, un bailliage royal, composé des officiers nécessaires pour y rendre la justice en son nom.

Dès l'an 1683, le Roi avait prescrit la confection d'un terrier pour les seigneuries de Marly-le-Chastel, de Bailly et de Noisy. En 1698, par lettres patentes du 29 octobre, adressées au bailly de Versailles, il ordonna qu'un terrier semblable fut établi pour les terres de Versailles, Marly-le-Bourg, La Celle-St-Cloud, Bougival, Le Chesnay, Buc, Guyencourt, Voisins-le-Bretonneux, Villarcy, Bouviers et autres domaines nouvellement réunis au domaine de la Couronne. Ces mêmes lettres patentes obligeaient tous les possesseurs de fiefs dépendant desdites terres et seigneuries, à rendre foi et hommage au Roi, par devant le bailli de Versailles, et à fournir les aveux et dénombrements auxquels ils étaient tenus, en raison desdits fiefs. Cette forme administrative subsista jusqu'à la mort de Louis XIV, en 1715.

L'année suivante (1716), le domaine de Versailles fut réuni aux autres possessions territoriales de la Couronne, et les Receveurs généraux des Domaines et Bois de la Couronne furent chargés de la recette et de la dépense ; mais lorsque en 1722, le roi Louis XV vint fixer son séjour à Versailles, il retira le domaine de ce nom de la régie générale, et par sa déclaration du 6 octobre de la même année, il établit une nouvelle forme d'administration qui dura, en grande partie, jusqu'à la Révolution de 1789.

Il se plut, ainsi que ses prédécesseurs, à étendre le domaine de Versailles, et y joignit par acquisition les terres et seigneuries de Sèvres, Montreuil, Ville-d'Avray, St-Nom-la-Bretesche, et la partie de la terre et seigneurie de Villepreux qui était hors du parc de Versailles, avec une ferme située à Mézu, paroisse de Chavenay.

En 1778, Louis XVI réunit au domaine de Versailles celui de Meudon. Postérieurement, ce prince y réunit de même la terre et seigneurie de Vélizy, et les bois du Clos-Toutain, qui avaient été acquis des fonds du domaine. Telle était la consistance du domaine de Versailles, au moment de la Révolution de 1789.

Ce domaine comprenait alors trente-quatre terres seigneuriales appartenant au Roi, et de plus six autres terres de même, où le Roi avait des propriétés plus ou moins considérables. Ces terres seigneuriales renfermaient trente-quatre fermes dont la contenance totale était de 10,942 arpents, tant terres labourables que prés, pâtures et châtaigneraies. Les bois situés dans l'étendue de ce domaine s'élevaient à plus de 10,000 arpents, y compris les bois de Meudon. Si l'on ajoute à la contenance des bois et des fermes, celle des étangs et rigoles, des moulins, et des diverses pièces de terre comprises dans la circonscription du domaine, mais qui ne faisaient point parti de l'exploitation des fermes, on serait fondé à avancer que les possessions territoriales de tout le domaine de Versailles offraient une masse d'au moins vingt-cinq mille arpents.

Les revenus de ce domaine s'élevaient à plus de un million six cents mille francs, et provenaient des recettes cy-après établies : Lots et Ventes. . . . . . . . . . 125,000 fr.
    Aides et Entrées . . . . . . . .  950,000
    Bois. . . . . . . . . . . . 400,000
    Fermes . . . . . . . . . . . 150,000
    Soit au total . . . . . . . . . 1,625,000 fr.

Les trente-quatre terres et seigneuries comprises dans le domaine de Versailles, étaient : Versailles, Satory, Porchéfontaine, Montreuil, Sèvres, Marly-le-Châtel, Marly-le-Bourg, Villepreux, la Hébergerie, La Celle-St-Cloud, Le Chesnay, Ville-d'Avray, Bois-d'Arcy, Guyancourt, Villarcy, Buc, avec les fiefs et seigneuries de la Cave et de Vauhallan, Voisins-le-Bretonneux, Bailly, Galie, Choisy-aux-Bœufs, Clagny, Glatigny, Jouy, La Boulie, Noisy, Toussus-le-Noble, Châteaufort, Louveciennes, Bougival, St-Nom-la-Bretesche, Chêvreloup, Rocquencourt, Fontenay-le-Fleury et Rennemoulin.

Les trente-quatre fermes du domaine de Versailles étaient les suivantes :

*La ferme de Satory*, contenant 418 arpents en terres labourables et prés, en la seigneurie de ce nom ;

*Celle de la Ménagerie*, en la seigneurie de Versailles, contenant 668 arpents, tant terres labourables que prés ;

*Porchéfontaine*, en la seigneurie de ce nom, contenant 225 arpents de même nature que les précédents ;

*Le Trou-Moreau*, en la seigneurie de Villepreux, contenant 368 arpents en terres labourables et prés ;

*La Hébergerie* en la châtellenie de Villepreux, contenant 277 arpents de même nature que les précédents ;

*La Grande-Maison*, en ladite châtellenie, contenant 306 arpents de terres labourables et prés ;

*Mézu* (1), en la même châtellenie, contenant 120 arpents de terres de même nature ;

*Le Trou d'Enfer*, en la seigneurie de Marly, contenant 451 arpents en terres labourables et prés ;

*Beschevel*, en la seigneurie de la Celle-Saint-Cloud, contenant 156 arpents 62 perches de terres labourables, prés, pâtures et châtaigneraies ;

En la seigneurie de Bois d'Arcy :

1° *Le Tremblay*, contenant 478 arpents de terres labourables, prés et pâtures ;

2° *La Culée*, comprenant 359 arpents de même nature ;

3° *Le Petit Arcy*, contenant 161 arpents de même nature ;

En la seigneurie de Guyencourt :

1° *Villarcy*, contenant 421 arpents 79 perches de terres labourables et prés ;

2° *Le Château Neuf* de *Guyencourt*, contenant 426 arpents de même nature ;

3° *Bellebat*, contenant 524 arpents 27 perches de terres de même nature ;

4° *La Ferme des Trous*, comprenant 225 arpents de terres labourables et prés ;

5° *Bouviers*, contenant 315 arpents de même nature ;

6° *La Minière*, contenant 284 arpents 43 perches de même nature ;

*Buc*, en la seigneurie de ce nom, comprenait 458 arpents 31 perches de terres labourables, prés et pâtures ;

Dans la seigneurie de Bailly-en-Cruye :

1° *Les Moulineaux*, contenant 286 arpents de terres labourables, pâtures et friches ;

---

(1) Moulin-Mézu, en la paroisse de Chavenay.

2° *Vaulusseau*, comprenant 324 arpents de terres labourables, prés et pâtures ;

En la seigneurie de Voisins-le-Bretonneux :

1° *Voisins*, contenant 319 arpents de terres labourables et prés ;

2° *La Lande*, contenant 300 arpents de même nature ;

*Galie*, en la seigneurie de ce nom, contenant 700 arpents de terres labourables, prés et pâtures ;

*Glatigny*, en la seigneurie de ce nom, comprenant 262 arpents de terres labourables, prés et friches ;

Dans la seigneurie de Noisy :

1° *Le Vaucheron*, contenant 283 arpents de terres labourables, prés, pâtures et châtaigneraies ;

2° *L'ancien Chenil de Noisy*, contenant 200 arpents de terres de même nature ;

Dans la seigneurie de Châteaufort, une partie de la ferme de ce nom, comprenant 164 arpents de terres labourables ;

*Louveciennes*, en la seigneurie de ce nom, comprenant 140 arpents de terres labourables, prés, pâtures et châtaigneraies ;

A Bougival, la ferme de ce nom, contenant 20 arpents 40 perches de terres et prés ;

*La Tuilerie-Bignon*, en la seigneurie de Saint-Nom-la-Bretesche, contenant 466 arpents de terres labourables, prés, pâtures et châtaigneries ;

Dans la seigneurie de Fontenay-le-Fleury :

1° *Les Graviers*, contenant 298 arpents 92 perches de terres labourables, pâtures et friches ;

2° *Le Haut-Fontenay*, comprenant 189 arpents 33 perches de même nature ;

*Rennemoulin*, en la seigneurie de ce nom, comprenant 367 arpents de terres labourables, prés et friches.

Le tout donnant un total de 10,942 arpents 7 perches.

La contenance des bois de Versailles, se trouvait ainsi comprise :

Le grand parc de Versailles . . . . 1,266 arpents ;
Le petit parc de Versailles. . . . 760 arpents ;

à reporter. . . . 2,026 arpents.

|  |  |
|---|---|
| *report*. . . . . | 2,026 arpents. |
| Les bois de Marly et de Louveciennes | 3,334 arpents ; |
| Les bois de Montreuil, Sèvres et Ville-d'Avray . . . . . . . . | 1,200 arpents ; |
| Ceux de Rueil, Marnes et Voisins-le-Bretonneux . . . . . . . . . | 282 arpents ; |
| Les bois des Clayes et du Clos-Toutain . . . . . . . . . . | 201 arpents ; |
| Les bois de Meudon, de la Celle Saint-Cloud et les bouquets de bois détachés dans l'étendue du domaine. . | 2,000 arpents ; |
| Les bois de Verrières . . . . . | 1,034 arpents ; |
| Soit au total . . . . | 10,077 arpents de bois. |

Par suite de l'accroissement successif du domaine de Versailles et de la clôture du parc, plusieurs paroisses et hameaux qui s'y trouvèrent renfermés furent détruits et rasés, c'étaient notamment les paroisses de Trianon, et de Choisy-aux-Bœufs ; les hameaux de Musceloue, les fiefs du Vivier, de la Boissière et autres, dont on n'a plus que le souvenir, mais par contre, la ville de Versailles prit un grand développement qui, joint au séjour ordinaire de la cour de France, et aux merveilles du palais, des jardins et du parc, lui ont donné une renommée universelle que, chose rare, elle a conservée jusqu'à nos jours (1).

---

(1) Archives nationales, *Rapport au Roi, sur le domaine de Versailles*, O¹,3881.

## Les Célestins de Paris, Seigneurs de Versailles, Montreuil, Porchéfontaine et autres lieux.

L'on sait qu'indépendamment des seigneurs particuliers de Versailles, les religieux Célestins avaient de vastes et importantes possessions en ce lieu et aux environs que le roi Charles V leur avait donnés notamment à Porchéfontaine et à Montreuil, et qu'ils accrurent par la suite des temps.

Les rois Louis XIII et Louis XIV dûrent acquérir de ces religieux une grande quantité de terres, des seigneuries et des fiefs, sans l'acquisition desquels ils eussent été les vassaux de ces religieux, suivant la loi féodale, car ils étaient seigneurs suzerains de Versailles et autres lieux dont l'énumération suit :

Premièrement, ils étaient seigneurs du grand et petit Montreuil, où ils avaient droit de haute, moyenne et basse justice.

Ils y avaient en domaine la ferme de Porchéfontaine qui était une très ancienne seigneurie, ayant haute, moyenne et basse justice, relevant du four bannier de Châteaufort ; et affermée deux mille livres ;

Dudit fief de Porchéfontaine, relevait entre autres le fief sis au-dessus de la fontaine de Nouettes, qui consistait en vingt-quatre arpents de bois que Louis XIV avait acquis de M. Briçonnet, par contrat du 16 juin 1675, dont les religieux ne furent pas indemnisés. Ce fief était régi à la coutume du Vexin français.

Plus, lesdits religieux avaient deux mille huit cent soixante et quatorze livres de cens et rentes seigneuriales et de bail d'héritages non rachetables, dans Montreuil, Porchéfontaine, La Bouillie, Le Metz et les environs, dont ils étaient seigneurs. En ladite somme, n'étaient pas compris les purs cens qui n'étaient point chargés de rentes, de manière qu'avec les purs cens de Montreuil, seulement, lesdites rentes montaient à trois mille livres.

Outre les cens et rentes en argent, il leur était dû de rente foncière non rachetable, deux cents de foin, deux milliers de tuiles et deux boisseaux de blé ; ces articles non évalués ;

Plus, il était dû aux dits religieux, par le Roi, sur le domaine de Versailles, à cause du moulin de Launay, la somme de trente livres.

Lesdits religieux prenaient huit septiers de blé sur la cure de Montreuil, qui, à quinze livres le septier (année commune), faisaient cent-vingt livres ;

Ils avaient quatre ou cinq étangs dans la terre de Montreuil, dont l'un s'appelait l'étang de la Bouillie, où il n'y avait jamais d'eau, lesquels avec celui de Ville-d'Avray qui n'était pas en valeur, rapportaient au moins huit cents livres ;

Plus, ils étaient en possession tant sur les terroirs de Montreuil et Porchéfontaine, que sur ceux de Ville-d'Avray, Sèvres, la Bouillie et le Metz, de mille quatre-vingt arpens de bois tant pleins que vides, tous contigus les uns des autres, à l'exception de ceux du Roy et de Monseigneur le duc du Mayne, qui étaient un peu entrelassés ; lesdits bois estimés à cinquante livres l'arpent l'un portant l'autre à cause des places vides, dont les coupes avant la réserve étaient de cent-vingt arpents, qui, à raison de cinquante livres, font six mille livres ;

Dudit lieu de Montreuil relevaient plusieurs fiefs, entre autres le fief du Martroy, régi en la coutume du Vexin français, consistant en trente-sept arpens de terre et cinq arpens de pré, enclavés dans l'enceinte de Clagny, que Louis XIV avait acheté des Administrateurs de l'hospice des Incurables de Paris, et dont étaient dues la mutation et l'indemnité aux dits religieux ;

Parmi les mille quatre-vingt arpents de bois dont il est fait mention plus haut, se trouvaient quatre arpents situés au-dessus de la route du côté de Ville-d'Avray, qui composaient le noble fief de Montalin, relevant de la Tour de Chaumont au Vexin français, ayant haute, moyenne et basse justice ;

Les Célestins avaient les lots et ventes du grand et petit Montreuil et de Porchéfontaine qui s'élevaient (année commune), à douze cents livres ;

Du fief de Montalin relevaient plusieurs beaux fiefs entre-autres : Le fief de Versailles et seigneurie dudit lieu, avec ses arrière-fiefs, circonstances et dépendances, que le roi Louis XIII acquit du sieur de Gondy, archevêque de Paris ;

Le fief de la Grange-Lessart, avec ses arrière-fiefs, circonstances et dépendances, que Louis XIII acquit de même dudit sieur archevêque, ainsi que les fiefs de la Rotouère, du Bon-Puits et des six arpents de prés neufs, situés près de l'étang de la Maladrerie de Versailles.

Le fief des bois de Villacoublay, consistant en soixante-quatre arpents de bois assis entre la Bouillie et Versailles ; que Louis XIII avait acquis des sieurs Lemaire et Le Brun ;

Le fief de quarante-huit arpents de bois, sis au lieu de Haute-Bruyère près des susdits bois de Villacoublay, que Louis XIV avait acquis de M. Briçonnet, ci devant seigneur de Glatigny ;

Le fief de Rouville, contenant quatorze arpents sur le moulin de Launay, acquis par Louis XIV dudit sieur Briçonnet ;

Le fief de la Verrerie de la Verdurie ou de la Verrière que Louis XIV fit enfermer dans son parc, et qui consistait en quarante arpents de bois environnés de plusieurs chemins, lesdits bois étant entre les mains de plusieurs vassaux qui les tenaient à cens portant lots, saisines et amendes ;

Tous lesdits fiefs régis à la coutume du Vexin français, et dont étaient dus auxdits religieux Célestins, les droits de mutation, indemnité et extinction de fief.

Dudit Montalain ou Montalin relevaient encore le fief de Puteaux et d'autres petits fiefs.

Lesdits religieux étaient seigneurs du fief de La Bouillie, ayant haute, moyenne et basse justice, et relevant du four bannier de Châteaufort. Ils y avaient les lots et ventes estimés (année commune), à soixante livres et les cens et rentes comprises avec celles de Montreuil.

Les Célestins avaient encore le fief et seigneurie du Metz ayant haute, moyenne et basse justice, les cens et rentes et les lots et ventes de même qu'à La Bouillie ;

Plus des biens à Sèvres, à Ville-d'Avray, à Villetain et à Villedomble et le four bannier de Châteaufort, le tout ensemble évalué à dix-sept mille neuf cent quatre-vingt-dix livres douze sols et quatre deniers. (1)

Le 10 novembre 1747, les Célestins abandonnent au Roi, à titre d'échange, les fiefs, terres et seigneuries du grand et petit Montreuil, de Porchéfontaine, de Sèvres, du Metz, de La Boulie, du petit Viltain en la paroisse de Jouy, du grand Viltain en la paroisse de Saclé, de Villedavray et le fief du four bannier de Châteaufort avec toutes les appartenances et dépendances, consistant en maisons seigneuriales, justice haute, moyenne et basse, dixmes inféodées, cens, surcens, rentes, redevances, prés, biens, revenus casuels ou fixes et autres biens et héritages dépendants desdites terres, fiefs et seigneuries ; compris dans ledit échange la rente sur le domaine de Versailles à cause du moulin de Launay réuni audit domaine et celle sur Monseigneur le duc d'Orléans à cause des terres renfermées dans le parc de Saint-Cloud, pour les terres et biens mouvants dudit seigneur Roy « estre et demeurer réunis à son domaine de Ver-

---

(1) Etat des biens des Célestins de Paris sur la route et les environs de Versailles. Acquisition de la seigneurie de Montreuil proposée en 1723. (Arch. nat[les]).

sailles », à la charge de laisser jouir le sieur Gueret de Voisins, sa vie durant, du fief du four bannal de Châteaufort, en payant par lui au profit dudit seigneur la somme de cinq livres par an, et entre-autres charges, une rente annuelle de cinq livres dont étaient tenus envers l'église Saint-Landry de Paris, les héritages situés au terroir de Montreuil au Val-de-Galie, réunis à la ferme de Villetain. Et en contre-échange, ledit seigneur Roy a délaissé auxdits religieux les terres et seigneuries de Jaillac-Duplessis, Mériot des Caves de Montmirail, avec les justices, domaines et cens en dépendant, et que les biens patrimoniaux qui avaient appartenu à titre patrimonial au maréchal duc de Noailles, dans l'étendue du domaine de Nogent, ensemble les biens et droits réservés à Sa Majesté par le contrat d'échange du 6 novembre 1747, feraient partie du domaine et comté de Nogent, aux charges, clauses et conditions portées audit contrat.

Sur ce contrat sont intervenues des lettres-patentes portant ratification dudit échange datées du mois de janvier 1748 et enregistrées à la Chambre des Comptes, le 15 février suivant. Mais, cet échange ne fut ratifié définitivement que par d'autres lettres-patentes de Louis XV, enregistrées à ladite Chambre des Comptes, le 17 septembre 1760. (1)

Il est à croire que malgré que les Célestins se disaient seigneurs du Grand-Montreuil, il n'en existait pas moins d'autres propriétaires de terres et biens assez importants en ce lieu, l'on voit en effet, que le 30 mars 1784, Mesdames Marie-Adélaïde et Victoire-Louise-Marie-Thérèse de France, tantes de Louis XVI, cèdent à ce Roi, suivant l'offre à lui faite par feue Madame Sophie de France, leur sœur, la pleine propriété de tous les biens qui leur appartenaient au village du grand Montreuil consistant en jardins, bâtiments et dépendances situés audit Montreuil près Versailles, le tout au profit de Sa Majesté, et lui transportent tous leurs droits sur ces propriétés qu'elles avaient acquises des sieurs

---

(1) Archives nationales. *Archives de la couronne* O¹.3873, p. 85-86.

Jean-Baptiste-Armand Bénard et Pierre-Mathieu Thibault, en 1779, et qui étaient possédées sans doute par eux-mêmes à l'époque des derniers échanges des Célestins que nous venons de rapporter.

## L'Ancien Prieuré de Saint-Julien de Versailles.

Dans la première moitié du onzième siècle, Hugues de Versailles, seigneur de ce lieu, fit construire le prieuré de Saint Julien, et le donna au monastère de Marmoutiers.

Le prieur de Saint-Julien avait à fournir au Chapitre de Notre-Dame-de-Paris, une certaine quantité de vin aromatisé ou épicé (nommé pigment), la veille du jour de l'Assomption.

En 1064, Geoffroy de Gometz, fondant le prieuré de Bazainville, lui donne trois prébendes à Versailles, dont l'une était entre ses mains et les autres devaient appartenir à deux chanoines qui les conserveraient leur vie durant. Après leur mort, le prieur de Bazainville devait en disposer ; Geoffroy ajoute à cette donation les droits sur les sépultures faites dans ce village et l'habitation du prêtre Roscelin. (1)

Trente ans après (en 1094), Geoffroy, évêque de Paris, reconnut le droit de patronage de l'abbaye de Marmoutiers dans les églises de Saint-Julien de Versailles, de Saint-Germain de Villepreux et de Saint-Denis d'Ourcines. (2)

En 1182 (du 28 mars au 21 octobre), le roi Philippe-Auguste

---

(1) Bibliothèque nationale. *Gaignières. Extraits de Marmoutiers.* I. p. 249.
(2) Ibid. I. p. 435.

étant à Saint-Germain-en-Laye, approuve l'échange fait entre les moines de Marmoutiers et ceux de Saint-Magloire de Paris. Les premiers reçoivent l'église de Lehon au diocèse de Coutances, en échange de celles de Saint-Julien de Versailles ; de Saint-Martin de Chaumont et de Saint-Jacques de Chalifer. (1) Le Roi dit dans la charte donnée à ce sujet « qu'ayant eu sous sa protection la » maison de Versailles, pendant qu'elle appartenait à l'abbaye de » Marmoutiers, il en ferait de même avec l'église de Saint-» Magloire qui est à proprement parler, notre chapelle ». Cet échange avait été réglé par Etienne, abbé de Saint-Père de Chartres, l'archevêque de Tours, et Hugues, abbé de Saint-Germain (des Prés). (2)

En 1183, le pape Lucius III donne deux bulles pour approuver cet échange, et sept ans plus tard (1190), une autre bulle sur le même sujet fut donnée par le pape Clément III.

La justice du prieuré de Versailles fut réglée par la charte suivante donnée en l'an 1188. « Au nom de la Sainte-Trinité, » Maurice, par la grâce de Dieu, évêque de Paris, à tous les » fidèles, salut. Sachent tous que la grave contestation qui » s'était élevée entre l'abbé et le couvent de Saint-Magloire de » Paris et les seigneurs de Versailles, Jean, et Gillon, son fils, et » Gervais, sur la voirie de ce lieu et autres sujets, a été terminée » par l'accord suivant : »

» Le prieur de Saint-Julien de Versailles, aura toute voirie et » toute justice et tout droit de coutume dans sa terre, (viariam et » omnem justiciam et omnem consuetudinem), excepté ceci : » Le voleur pris sur la terre du prieur sera conduit au prieuré. » Le lendemain on le fera savoir aux paroissiens, et ceux qui » voudront l'accuser seront entendus le même jour. — Si le » prisonnier s'échappe et que le seigneur soupçonne l'un ou

---

(1) Archives nationales. *Grand cartulaire de Saint-Magloire*, folio 13 verso. L. Delisles, *Catalogue des Actes de Philippe-Auguste*. N° 54, p. 14.
(2) Gaignières, *Extraits de Marmoutiers*. 1 Ibid.

» l'autre des serviteurs laïques du prieur, ils seront forcés de
» faire serment au prieur en présence des seigneurs, qu'ils ne
» l'ont pas laissé échapper par faveur ou à prix d'argent.
» » — Si le voleur est convaincu de vol, il sera livré aux seigneurs
» pour en faire justice. »

« Les seigneurs ne pourront réclamer l'argent qu'il avait lors
» de son arrestation. — Ils ne pourront non plus le relâcher
» moyennant finance. — Si, au contraire, personne ne se
» présente pour le convaincre de vol, le jour qu'il est enfermé au
» prieuré ; le prieur peut lui rendre la liberté à sa volonté. » —
« Si quelqu'un veut entrer de force dans le village, les hommes
» du prieur accourront pour le défendre et les hommes du
» seigneur leur viendront en aide. »

« La maison de Saint-Julien ne paiera aucun droit pour
» prendre dans la forêt le bois mort pour brûler, la charpente
» pour ses constructions et les escharras (échalas) pour ses
» vignes ; mais les vignerons jureront au prieur en présence des
» seigneurs qu'ils ne prendront que les échalas nécessaires. »

« Le four et les hommes de Saint-Julien, auront droit de
» prendre le bois mort dans les bois, mais non dans la forêt. »
» Les hommes de Saint-Julien ont droit au bois à bâtir pour
» leurs maisons. » Si toutefois ils construisaient des maisons
» pour les transporter ailleurs, la moitié du prix de la maison
» exportée appartiendra aux seigneurs. »

« Si les seigneurs sont forcés de clôre le village d'une palissade,
» le prieur forcera ses hommes à faire le même travail de leur
» côté, et le bois leur sera fourni dans le même canton de la
» forêt, qu'aux hommes du seigneur. »

« Il ne pourra y avoir de four que dans le prieuré. »

» Il est convenu que si Versailles est changé de place, la maison
» de Saint-Julien aura le même droit exclusif de four dans le
» nouveau village. » « Le prieuré a le panage libre et gratuit
» pour ses porcs, dans le bois de Versailles, et de plus la dîme
» du droit de panage levé sur les autres porcs. »

« Si le prieur veut lever une taille sur ses hommes, la moitié,

» selon la coutume, appartiendra aux seigneurs. » « Les seigneurs
» fourniront un emplacement pour bâtir le four de Saint-Julien
» en échange de l'emplacement de l'ancien four qui leur
» appartiendra. »

« Si les hommes de Saint-Julien manquent de harz (harts) pour
» leurs charrues, ils en demanderont au sergent des seigneurs ; s'ils
» ne le trouvent, ils en prendront pour pouvoir continuer leur
» travail, et seront quites en donnant leur foi qu'ils ont été le
» chercher chez lui. » — « Tout homme de Saint-Julien trouvé en
» délit dans la forêt, paiera douze deniers, plus un setier de vin
» à la mesure de Saint-Cloud (1) pour le sergent ; mais on ne peut
» le poursuivre pour enlèvement de bois s'il n'est pris en flagrant
» délit. » — « Le cheval, le bœuf ou la vache, trouvés dans de
» nouvelles coupes paieront trois deniers ; les autres bêtes sui-
» vant la coutume, mais jamais plus de trois deniers. » — « Les
» hommes de Saint-Julien sont tenus de paier aux seigneurs la cou-
» tume des tourtes de Noël, et celle des œufs, à Pâques. » — « Les
» seigneurs ne pourront vendre leur bois de Versailles, sans
» assigner ailleurs les usages ci-mentionnés. » — « Pour prix de
» ces usages chaque hôte de Saint-Julien qui aura une charette
» paiera un setier d'avoine, et une mine s'il n'en a pas. » — « Pour
» prix de cet accord, les seigneurs ont reçu douze livres de
» l'abbé de Saint-Magloire. » (2)

Vers le milieu du treizième siècle fut rendu un arrêt du Parlement de Paris, cassant une sentence du prévôt de Paris, pour
Jean II de Versailles (de Versailliis), écuyer, et Jean, dit de la
Granche, de Versailles, contre le prieur de Saint-Julien au sujet de
l'exercice de la terre de Saint-Julien. Le prévôt avait condamné le
prieur à déterrer un individu qu'il avait mis en prison sous le
soupçon de vol, et qui y était décédé ; et à le remettre aux sei-

---

(1) Environ un verre de vin.
(2) Archives nationales. *Petit cartulaire de St-Magloire*, folio 55. verso. (Communication de M<sup>r</sup> Adolphe de Dion).

gneurs. La Cour de Parlement, reconnut au prieur sa juridiction, la question de la propriété étant réservée. (1)

Geoffroy, abbé de Saint-Magloire ayant donné sa démission en février 1273, Henri, prieur de Versailles, et Bouchard, prieur de Saint-Barthélemi, à Paris, membres de l'abbaye de Saint-Magloire, s'opposèrent à l'élection, comme abbé, de Louis de Montfort. Le pape Grégoire X avait confié le jugement de cette affaire à Grignier, archevêque d'Aix. La sentence fut rendue en Cour de Rome en 1279 ; elle confirma l'élection de l'abbé, mais en accordant aux deux prieurs un dédommagement de quatre-vingt livres pour leurs frais. (2)

En 1289 et 1305, le prieur de Saint-Julien de Versailles, paya le piment, au Chapitre de Notre-Dame de Paris.

Au mois d'octobre 1302, Gauthier, abbé de Saint-Magloire, présente à l'évêque de Paris, un curé pour Saint-Julien de Versailles, et de plus, il lui demande que le curé Thibaut, devenu infirme, puisse, en donnant sa démission, se réserver une pension viagère sur la cure. (3)

Le 9 juin 1315, Jean de Moucy, curé de Versailles, assista à la translation du corps de Saint-Magloire, qui était porté dans une châsse d'argent doré. Geoffroy de Netz, poëte du temps, composa un poëme à ce sujet, pour raconter dignement cette translation ; on y lit à propos des officiants, la strophe suivante :

>Ceux officiaux furent lors,
>Ces autres prieurs hors :
>De Sainte-Croix de Briis, Jehan.
>De la Queue, prieus cet an.
>Estoit ; et Jehan de Moucy,
>De Versailles prieus aussi.

(1) Olim. I. Jugés f° 307v° Boutaric. Recueil des *actes du Parlement de Paris*. N° 7164

(2) Archives nationales n° L. *bis*. (Communication de M$^r$ Adolphe de Dion).

(3) Archives nationales, *Petit Cartulaire de St-Magloire* f° 46. (Communication de M. A de Dion )

L'abbé de Saint-Magloire continuait dans le cours du XIVe siècle, à nommer les prieurs de Versailles, qui, pour ne pas perdre leurs anciens droits sur leurs ouailles et voulant empêcher la proscription de leur titre de curés primitifs, continuaient à fournir dans l'église la paille destinée à être mise en hiver sous les pieds des femmes. Les curés de leur côté continuaient à prêter serment à l'abbé de Saint-Magloire, dans le Chapitre. L'un de ces curés fut condamné à l'amende, en 1459, pour avoir laissé les hosties dans un linge malpropre.

Avec la fin du XVe siècle devait cesser l'antique droit des prieurs, et les fidèles de Versailles allaient bientôt rentrer sous la juridiction pleine et entière de l'ordinaire. En effet, en 1480, l'abbaye de Saint-Magloire fut mise en commende, et l'évêque de Paris n'eut rien tant à cœur que de faire céder par l'abbaye, le prieuré aux habitants, ce qui paraît avoir été fait, puisqu'en 1486, fut donné commission par l'archidiacre de Josas, pour lever une taille pour les réparations à faire à l'église Saint-Julien de Versailles. Cependant, ce ne fut qu'en 1516 que ces derniers purent s'en mettre définitivement en possession. Mais, jusqu'en 1564, qu'une bulle du pape Pie IV autorisa l'union de l'abbaye de Saint-Magloire à l'évêché de Paris, et la suppression du titre et de la dignité abbatiale de Saint-Magloire, les habitants de Versailles avaient à craindre que leur église ne fut encore attribuée à un prieur, tandis que c'était réellement sur leur curé que reposaient toutes les charges du ministère.

Dès lors, étant soumis à l'ordinaire, le prieuré de Saint-Julien rentra dans la paix et l'oubli dont l'avaient fait sortir trop souvent les différends entre les moines, les prieurs, les seigneurs et les habitants de Versailles.

Le prieuré fut réuni ensuite à l'archevêché de Paris, sous l'archiépiscopat de Monseigneur de Péréfixe, entre 1664 et 1671.

L'église ou prieuré de Saint-Julien a totalement disparu, et sur son emplacement se voit aujourd'hui l'hôpital militaire, derrière lequel se trouve une caserne dont l'entrée a le caractère d'un portail d'église, la rue qui lui fait face porte le nom de Saint-Julien, et ce portail est celui de l'église des Récollets.

Le patron de ce prieuré était Saint-Julien de Brioude, en Auvergne, qui étant compagnon de Saint-Ferréol, tribun, et servant Jésus-Christ secrètement sous l'habit militaire, fut saisi durant la persécution que Dioclétien avait ordonné, par ses propres soldats qui le firent mourir d'une manière horrible, en lui coupant la gorge.

Saint-Julien était né à Vienne, d'une famille considérée, il s'engagea dans la vie des armes et pratiqua néanmoins les devoirs de sa religion en sachant ménager les puissances païennes. Il était lié avec le tribun Ferréol chez lequel il demeurait. Crispinus, gouverneur de la Viennoise, ayant ordonné de poursuivre les chrétiens, Ferréol obligea Julien à se cacher à Vinicelle, près de Brioude. On le trouva dans sa retraite, et malgré les supplications de deux vieillards chez lesquels il avait trouvé un asile, il se présenta courageusement devant les soldats qui allaient le découvrir, et il eut la tête tranchée. Celle-ci fut rapportée à Crispinus qui s'en servit pour intimider les chrétiens. Ferréol, qui, bientôt après, fut martyr aussi, inhuma la tête de son ami auprès de son corps que lui remirent les deux vieillards. Des miracles eurent lieu sur le tombeau de Julien, auquel la ville de Brioude dut sa conversion. Saint-Germain d'Auxerre, y passant l'an 431, apprit aux habitants que l'église regardait Julien comme un de ses héros, et que sa fête serait célébrée le 28 août. Un grand nombre d'églises furent placées sous son invocation, preuve de la vénération que les peuples avaient pour ce saint. (1)

Malgré cette vénération des peuples, il ne paraît pas que l'église de Saint-Julien fut richement dotée, et que les dons faits

---

(1) Chastelain. *Martyrologe universel*, p. 1064. Suivant cet auteur, Saint-Julien n'aurait été patron de Versailles que pendant 450 ans ; pourtant ce ne fut qu'en 1675, que cette église fut abattue, et nous avons des preuves de l'existence du prieuré de Saint-Julien, depuis l'an 1064, ce qui fait plus de six cents ans.

à son œuvre et fabrique aient été fort considérables, du moins jusqu'au seizième siècle.

Il est vrai que la période de la guerre de cent ans aux quatorzième et quinzième siècles, ne contribua pas peu à tarir la source des fondations pieuses, à une époque où la misère était à son comble, et les villages des environs de Paris, surtout, dévastés et ruinés.

Dans la « prinse de la seigneurie de la Grange Lessart, faicte » sur Antoine des Ligneris, en 1478, et dans un compte » rendu par Toussaint Chandellier, marguillier de l'œuvre et » fabricque de Monseigneur Sainct Julien de Versailles » l'on voit que ce dernier tient « troys perches et demy de pré, » assis soubz la forest, de la prinse des deux arpens de pré, par » don faict par Marin Ponchet, à ung denier parisis de cens. »

« Item, à cause de..... pour demy arpent de terre de la » prinse faicte par Jehan Loisillon (1) de dix arpents de terre » assis à la grant Noë, à 23 deniers parisis de cens. »

« Item, à cause du don faict par Andry Loisillon, et sa femme, » pour ung quartier de terre de la prinse des soixante arpents du » champ Noël, à 4 deniers parisis de cens. »

« Item, à cause du don faict par Jehan Hannes, pour ung » arpens de terre assis ondit lieu, à 15 deniers parisis de cens. »

« Item, à cause du don faict par la femme de Andry Loisillon, » pour ung quartier de terre assis en ce lieu, à 4 deniers parisis » de cens. »

Soit au total 3 solz 11 deniers de cens. (2)

De ce qui précède, l'on voit que les revenus de la fabrique de Saint-Julien à la fin du quinzième siècle étaient de fort peu

---

(1) La famille Loisillon était à cette époque fort nombreuse et bien établie. Ses membres étaient pour la plupart des laboureurs qui avaient fait souche, et possédaient des biens à La Grange-Lessart, à Satory et autres environs de Versailles.

(2) Archives de Seine-et-Oise. *Registre de la prinse de la seigneurie de La Grange Lessart*. A. 78 bis. folio 38 v°.

d'importance, et que pour subvenir aux dépenses du culte il fallait que d'autres ressources vinssent s'ajouter aux redevances, plus que modestes, que nous venons d'énumérer. La dîme et les coutumes du lieu servaient bien à indemniser pour une bonne part le prieur de Saint-Julien, mais l'entretien des vicaires était en partie à la charge de l'œuvre, ainsi que l'entretien en général de l'église et de ses dépendances, et les frais du culte.

En 1506, l'église de Saint-Julien, avait en biens et rentes : Premièrement : un demi-arpent de vigne en deux parties, « au terrouer de Sèvre, » au lieu du « Chêne-Ront, » donné par » damoiselle la Sensuelle et Sebille la Bonmère, à la charge de » deux messes par chacun an. Le dit demi-arpent baillé à louer » par chacun an moyennant vingt sols parisis.

« Item, 16 sols parisis de rente sur une maison assise devant » l'église de Versailles, tenant ladite maison court et jardin à la » grande rue qui descend au carrefour dudit lieu, d'une part, et » d'autre bout aux hoirs feu Phélipot de Nesle et Katerine, sa » femme, d'autre bout aux hoirs feu Jehan Barbé, et donnés par » ledit Phélipot et sa femme, à la charge de trois messes par an. » Ladite maison baillée à Pierre Lancelin, à la charge desdits 16 » sols parisis de rente, outre 2 sols parisis envers le prieur dudit » lieu.

« Item, deux arpents de pré assis au terrouer de Glatigny, dont » sont propriétaires Perrot Crestot (ou Prestot), et sa femme.

« Item, ung arpent de pré, donné par feu Jehan Buisson, et » relicte sa femme. Ledit arpent assis près les Gains dudit lieu, » tenant d'une part au chemin du bourg, d'autre part, et des deux » bouts aux seigneurs dudit Versailles ; à la charge de deux messes » par chacun an, et au cens qui se doit, ensemble lesdits sei- » gneurs de Versailles, et baillé à louer 16 sols parisis par an (1).

« Item, 22 perches de pré, données par Alison, veufve de feu » Alain Roux, assises près l'estang dudit Versailles, tenant d'une

---

(1) Cet arpent de pré était loué en 1507, dix-sept sols parisis, et en 1508 vingt sols parisis.

» part et d'un bout à Sevestre Larguenye ? d'autre part à . . . .
» Lancelin, et d'autre bout à l'estang. Et le tient ledit Sevestre à
» rente de l'église Saint-Julien, à 4 sols et 6 deniers parisis par
» chacun an, à la charge de faire dire chacun an une messe, dans
» la semaine peneuse. » (1)

« Item, ung arpens de pré donné par feue Julienne Crestot,
» ledit arpens assis près la petite garenne dudit lieu, tenant d'une
» part aux hoirs de ladicte deffunte, et d'autre part et aboutissant
» d'un bout à Messire Jehan Bourgeois, prebstre, aboutissant
» d'autre bout aux hoirs feu Guillaume Le Roy, à la charge des
» cens envers lesdits seigneurs de Versailles, et de deux messes
» par chacun an pour ladicte léguateresse et ses amys trespassez,
» l'une desdictes messes dite en Karesme, et l'autre la semaine de
» la Trinité. Ledict arpens baillé à louer 12 sols parisis par
» an. » (2)

« Item, ung arpens de terre assis au terrouer de Glatigny au
» lieu dict Launaye des buissons, tenant d'une part à Jehan Ra-
» boureau lesné, d'autre à ses cohéritiers, aboutissans par hault
» à Amelin Coutobert et par bas à Jehan Passe de Sainct An-
» thoyne, donné par la veufve feu Symonnet Raboureau à la
» charge des cens qui sont dus envers Monseigneur dudict lieu,
» et pour estre ès prières de ladicte église. Ledit arpens baillé à
» Monson, vigneron, à neuf années commençant l'an 1506, au
» jour dit moyennant ung sol parisis par chacun an. »

« Item, ung demy arpens de pré assis au lieu de la forest, donné
» par feu Jehan Larguenprez ? (ou Larguengny), en son vivant
» charpentier de la grant cognée, tenant d'une part et d'autre et
» aboutissant en partie aux hoirs dudict deffunt, à la charge des
» cens que se doit et de deux messes par chacun an, baillé à
» louer 5 sols parisis par an. »

« Item, 12 livres tournois de rente, données à la fabrique et à
» l'église de Versailles par feue damoiselle Jehanne de La Tillaye,

---

(1) La semaine sainte.
(2) En 1508, ledit arpent de pré était loué 20 sols parisis par an.

» en son vivant dame de Versailles, à la charge de faire dire tous
» les vendredis une messe des Trespassez, avec vigiles le lende-
» main, recommandation et grande messe. »

Ces revenus étaient variables et s'augmentaient par les fondations pieuses, les amendes et autres casuels qui venaient s'ajouter aux biens déjà acquis.

Dans un compte des recettes de la fabrique de Saint-Julien, dressé en 1517, où paraissent noble homme Jehan de Soisi, escuier, seigneur de Versailles, en partie (1), et Messires Jehan Poitou et Marin Launoy, prebstres, l'on trouve de singuliers détails, nous en rapporterons seulement quelques uns des plus curieux, où l'on voit que le rapport des messes et des prières ne diminuait point, et que : « pour une amende qui fut tapée à Glatigny à cause de blasphème, la fabrique reçut 3 sols 6 deniers tournois ; Item, pour une prière, de la femme à Richard le Grant 5 deniers tournois. »

« Pour le laiz (legs) de Jehan de Launoy, 3 sols 9 deniers tournois ; »

« Reçu des héritiers dudict Jehan, et pour une prière 12 deniers ; »

« Pour le laiz de la ferme de Gallye, 10 deniers tournois ; »

« Reçu de Monseigneur de Glatigny, pour engagement de rente pour payer les francz-fiefs et nouveaulx acquêts, paié 15 livres tournois ; »

« Repceu des héritiers de la fermière de la Mynière, paroisse de Guyancourt, pour faire sa prière 2 livres tournois, etc. »

En 1519, reçu de M. de Clany (2) deux livres tournois.

Les inhumations dans l'église étaient aussi d'un certain rapport pour la fabrique, c'est ainsi qu'en 1506, la fille de Robert de

---

(1) Dès l'an 1506, Jehan de Soisi, est cité dans un mémoire des comptes de ladite fabrique, à laquelle il paye en 1522 et 1523, 24 sols tournois pour la messe de Jehanne de La Tillaye, dame de Versailles.

(2) Clagny. Archives de Seine-et-Oise. *Registre de la fabrique de St-Julien, de Versailles. Testaments, etc*, Mss du XVI<sup>e</sup> siècle, pages 18, 40, 46v° et 70v°.

Rochefort ayant été mise en l'église (sic), son père dut payer pour son enterrement 24 sols parisis.

En 1525, la veufve à feu Jehan Quatre Hommes ayant été ensépulturée dans ladicte église Saint-Julien, ses héritiers paièrent pour cela 40 sols tournois.

D'autre part, les dépenses de la fabrique étaient assez fortes, pour que lorsqu'elle n'y pouvait faire face, les habitants fussent obligés suivant leurs moyens de pourvoir et obvier aux choses nécessaires et aux réparations les plus urgentes. Dans ces comptes de dépenses, il fallait comprendre les sommes accordées aux prêtres ou chapelains, qui étaient attachés au prieuré de Saint-Julien, pour l'acquit des messes et fondations pieuses. En 1491, Messire Jehan Rémon, prebstre, reçoit pour dire la messe de Phelipot de Nesle, de la première semaine de carême, 7 sols et 4 deniers tournois, et autant pour chacune des trois messes dites encore en carême pour ledit Phelipot.

La même année, le doyen de Châteaufort, recevait 5 sols parisis pour son droit de visite.

Le luminaire de la feste de Saint-Julien coûtait trois francs.

Il fut payé pour avoir le double du testament de feue Madame de Versailles, la somme de 4 sols et 5 deniers et pite tournois. Les seigneurs de Versailles recevaient 15 sols parisis par an pour les cens et rentes de deux arpens de pré. Lors de la visite de l'archidiacre il lui était payé 9 sols 5 deniers parisis (1).

Pour le fait de la cloche quêtée en 1508, l'on voit que les habitants de Versailles s'imposèrent et donnèrent beaucoup pour avoir une belle cloche de plus à leur église. Les uns donnèrent de l'argent, les autres donnèrent des denrées et autres objets en nature pour être vendus au profit de la fabrique et contribuer à cette dépense.

Parmi les dons recueillis par les quêteurs, l'on voit entre

---

(1) Ce droit de visite était assez variable, ainsi, en 1506, l'archidiacre de Josas reçoit 14 sols parisis, et le 9 août 1508 il ne reçoit que 8 sols pour le même droit (Archives de Seine-et-Oise. *Registre de la fabrique de Saint-Julien*, f° 15)

autres objets : « 16 livres de poupées et enpognées (1), vendues
» à Germain de Mortemer, 10 sols 8 deniers tournois; 7 vingt
» livres de chambvre vendues 4 deniers la livre ; 4 bouessaux
» de bled vendus par Michau Rémon, en cueillant (quêtant) pour
» la cloche, 6 sols parisis ; »

« 11 bouessaux de bled donnés en aulmosne et vendus 11 sols
» parisis ; »

« 8 livres de fil en escheveaulx vendus à Guillaume Fourqué
» 6 sols 11 deniers parisis ; »

« 28 sols parisis reçus de deux particuliers ; »

« Item, 4 sols parisis de Jehan Fontenier, charpentier ; »

« De Jehan Vincent, de Sabrevois, et de dame, sa femme, 4
» livres 6 sols parisis, » etc.

Parmi les dépenses faites à l'occasion de la fonte de ladite
cloche en 1509, l'on remarque les suivantes qui donnent d'assez
curieux détails sur les prix des denrées et de main-d'œuvre de
cette époque :

« Pour deux cents de métal de l'argent de la bourse de
» l'église......... 22 livres 8 sols parisis ; »

« Payé pour le vin du marché du fondeur 7 sols 9 deniers
» parisis ; »

« Du mardi que on fist la fosse pour 5 pintes de vin de Ro-
» cheffort,....... 3 sols 4 deniers parisis ; »

« Pour les despens de quatre hommes quand ils furent quérir
» le métal, 5 sols parisis ; »

« Pour le bruict du marchand de métal..... 14 deniers parisis ; »

« Pour le poix dudit métal....... 18 deniers parisis ; »

« Pour l'argent de la ville...... 10 deniers tournois ; »

« Pour faire mener ledict métal...... 20 deniers tournois ; »

« Paié au fondeur de métal......... 9 livres 12 sols parisis ; »

« Pour la fereure de ladicte cloche, 4 livres 18 sols 7 deniers
» parisis ; »

---

(1) Poupées, paquets, bottes de lin, de chanvre, etc., Empoignées, plein son poing. La Curne de Sainte-Palaye). Dictionnaire de l'ancien français, pag. 402.

« Pour un marchand pour l'estain neuf, outre et par dessus
» celuy qui avoit esté donné, paié la somme de 12 sols parisis ; »

« Pour les paillons, paliers, outils et rogneures qui avoient esté
» donnés et les vieux palions (1)..... 11 sols parisis ; »

« Pour les despens de ceulx qui ont aidé à faire les fournaises
» et autres choses nécessaires pour ladicte cloche, 7 sols 1 denier
» parisis ; »

« Pour le bois des fausses......, 17 sols tournois ; »

« Pour 200 de bougue ?...... 3 sols 5 deniers parisis ; »

« Pour le fil de fer....... 2 sols 5 deniers parisis ; »

« Pour 2 livres et demie de chandelle...... 2 sols 8 deniers
» parisis ; »

« Pour 3 livres de suif....... 2 sols 5 deniers parisis ; »

« En honeurs le jour que ladicte cloche fut fondue, 4 sols 4
» deniers parisis ; Pour le poix du restant du métal, 7 deniers
» parisis ; »

« Item, du lundy que on monta la cloche, pour deux grans
» pains paiés à Lavenote....... 16 deniers parisis. »

« Paié au marchand de métal, de l'argent de la bourse de
» l'église ....... 14 livres tournois, » etc. (2)

En 1517, des réparations à l'église furent entreprises au commencement de l'année, et durèrent au moins un an, parmi les dépenses qu'elles occasionnèrent nous citerons les suivantes, qui donnent le prix des matériaux et de la main-d'œuvre, en ces temps reculés.

« Pour le despens des chevaulx en fouyois et aveine quand ils
» amenèrent la chaulx avec ce le sablon et la pierre...... 4 sols
» tournois ; »

« Pour trois journées pour aller quérir la chaulx, pour les char-
» retiers et aydes à charger et décharger fut despendu (3)......
» 20 sols tournois ; »

---

(1) Paillons, lames minces, débris de cuivre.
(2) Archives de Seine-et-Oise. *Registre de la fabrique de Saint-Julien de Versailles. Ibid.*
(3) Dépensé.

« Pour cinq jours de Jehan Pasques, l'aisné, marguiller, à vac-
» quer pour amener ladicte chaulx, ensemble... .. 27 sols 3
» deniers tournois ; »

« Pour une journée que Pierre de la Roche aida aux maçons..
» ...... 20 deniers tournois ; »

« Pour le fendeur qui alla à Choisi (1), refaire ses marteaulx..
» ... ... 7 sols 6 deniers tournois ; »

« A quatre maçons pour cinq jours de besongnée à la tour. ...
» . . pour ce....... 4 livres tournois ; »

« A Jean Pasques, l'aisné, pour 2 journées de voiture.. .... 8
» sols 3 deniers tournois ; »

« A Regnault le Roy, pour une journée ........ 2 sols tour-
» nois ; »

« Au fendeur, pour avoir fendu 300 de carreaux....... 3 livres
» 15 sols tournois, » soit une livre cinq sols par cent ;

« A trois maçons pour la semaine, et après la Saint-Julien, et
» pour une autre sepmaine........ 3 livres 3 sols 9 deniers tour-
» nois ; »

« Pour les logis des maçons quand ils devoient estre logés en
» faisant l'arche....... 12 sols 6 deniers tournois ; »

« Pour 8 sacs de plastre renduz en ladicte église....... paié.. .
» ...10 sols tournois ; »

« A Guérin, fils du menuisier, pour six journées de travail...
» .... 8 sols 9 deniers tournois ; »

« Baillé au couvreur qui couronna le chevalet de la tour.......
» 6 livres tournois. »

« Pour seize-vingt de clous....... 8 sols tournois ; » (2)

---

(1) Choisy-aux-Bœufs.

(2) Dans des réparations précédentes l'on voit mentionnées les dépenses suivantes : Paié à Jean Lannois, pour remplir les fossez de ladicte église, 12 livres
tournois ; Pour une pinte de vin et un pain baillés aux charretiers qui ont amené
les solives, paié à Rocheffort 14 deniers tournois (*Archives de Seine-et-Oise Registre de Saint-Julien de Versailles*, fos 33, 50 à 72.

« A Jehan Prestot de la Granche (1), qui a amené les plastres
» 6 sols tournois, etc... »

Le beffroy refait, « paié à Jehan Larquegnye pour sa part de la
» façon, avec ce compris trois setiers de bled à percevoir, chacun
» septier à la somme de 20 solz, pour ce paié. . . 8 livres tour-
» nois ; »

« Pour Philippe Larquegnye, pour sa part et portion dudit
» beffroy, » paié de même que le précédent, etc...

Les dépenses occasionnées par ces réparations furent très
grandes, car le mémoire en est long, et l'on se demande comment
l'on pouvait arriver à les couvrir, vu l'état des revenus de la
fabrique, qui en 1519, n'étaient que de 30 livres 7 sols 9 deniers,
sur lesquels Jehan de Soisy, seigneur de Versailles en partie,
avait payé 17 livres tournois pour les fondations des messes de
la dame et des seigneurs de Versailles. L'année suivante (1520),
les seigneurs de Versailles payaient à ladite fabrique 12 livres
tournois pour lesdites fondations. dont huit livres par les mains
de noble homme Jehan de Soisy, et Messire Marin de Launoy,
vicaire de Versailles, à répondre du surplus. (2)

Une autre source de revenus pour l'église de Saint-Julien était
aussi (et cela dès le commencement du XVIe siècle, au moins),
celle de l'éducation des abeilles. En 1509, ces abeilles donnèrent
10 livres et un quarteron de cire ; mais la récolte du miel et de
la cire exigeait encore une certaine dépense, sans les autres
inconvénients qui en résultaient, comme par exemple lors de
l'essaimage, un essaim d'abeilles allait s'abriter dans une maison
ou un jardin d'où il fallait ou le chasser ou le recueillir, ce qui
arrivait souvent à en juger par les frais occasionnés pour cela et
notamment : « le mardy 26e jour de juing l'an 1508, fut paié
» pour le derensuer (3) de ceulx qui chassèrent les mouches en
» la maison de Rocheffort. . . . . . . . 16 deniers tournois ; »

---

(1) La Grange-l'Essart, près de Satory et de Versailles.
(2) Archives de Seine-et-Oise. *Registre de la fabrique de St-Julien de Versailles*, fos 55, 60 et 65.
(3) Dérangement.

« Le lundy 3ᵉ jour de juillet de ladite année, en faisant la cire
» fut despendu . . . . . . . . . . . 5 sols 1 denier tournois ; »
« Paié à Phelipot et Jehan, chandeliers, pour leur part de
» ladicte cire. . . . . . . . . . . . . . . . . . 15 sols parisis ; »
« Item, à Jean Morin et sa femme, pour leur part de la cire.
» . . . . . . . . . . . . . . . . . . . 6 sols 8 deniers parisis ; »
« Item, à chacun 2 journées et demie pour chasser lesdictes
» mouches, paié pour ce . . . . . . . . . . 5 sols tournois ; »
« Item, pour avoir des pots à mettre le miel, 6 deniers tour-
» nois ; » (1)

Comme on le voit ce revenu n'était pas sans dépens et ne devait pas être en fin de compte d'une bien grande ressource pour la fabrique qui, suivant ses comptes et mémoires très bien tenus pour le temps, était grévée continuellement par les frais de réparations que nécessitait un si vieil édifice, qui, réparé d'un côté avec les ressources dont on pouvait disposer, menaçait ruine d'un autre côté ; en attendant que l'on réunit l'argent nécessaire à ces réparations nouvelles.

En 1525, c'étaient la tour et la couverture de l'église qui avaient besoin de réparations. Dans les comptes tenus au sujet de ces travaux, l'on voit figurer entre autres mentions les objets suivants : « Pour 3 muys et demy de plastre prins au terte du
» Mont Vallérien pour besogner à la tour. 3 livres 18 sols tour-
» nois ; »

« Aux maçons qui ont levé les poutres du pignon de la tour,
» pour 12 journées . . . . . . . . . . . . . 6 livres tournois ; »

« Pour quatre milliers de tuile pour rescouvrer ladite église.
» . . . . . . . . . . . . . . . . . . . 5 livres 17 sols tournois. »

L'on trouve encore en 1525, la mention suivante : « Pour la
» vente du reste du chanvre qui avait été donné pour les cordes
» des cloches. . . . . 20 sols tournois. » Ce qui veut dire que, de même que l'on avait quêté un peu partout pour avoir une nouvelle

---

(1) Archives de Seine-et-Oise. *Registre de la fabrique de St-Julien de Versailles.* fº 24.

cloche, il est très probable que lorsque l'on eut besoin de cordes pour remplacer celles qui étaient hors d'usage, l'on eut recours au même moyen, et que les dons en nature, notamment en chanvre ayant dépassé ce qui était nécessaire, l'on vendit le surplus au bénéfice de l'église.

Le 26 juillet 1526, l'évêque de Paris bénit la pierre de liais enchassée dans le maître autel de Saint-Julien, en laquelle pierre on avait mis le reliquaire. « Pour les despens dudict évesque et » la despence de ladicte église fut paié 18 livres tournois. » (1)

Dans les comptes de ladite année, se trouve la mention suivante : « Reçu de Monseigneur Philippe Colas, pour la thuille qu'il a eu » de ladicte église la somme de 17 sols 6 deniers tournois. » (2)

Ces comptes nous donnent encore les noms des curés et des vicaires de Versailles aux XVIe et XVIIe siècles, et qui suivent : Guillaume d'Achi, prestre, curé de Versailles, en 1521, avait donné à l'église de Saint-Julien, en ladite année 8 livres tournois, don qu'il renouvela en 1525.

En 1523, Marin de Launoy, vicaire de Versailles, paie à Messeigneurs de Versailles pour les cens et rentes de 2 arpens de pré des années 1522 et 1523, la somme de 15 sols tournois. De sa famille étaient Jehan et Geoffroy de Launoy vivants à la même époque.

Laurent Blanchard est dit vicaire de Versailles, en 1525.

En 1579, Messire Jehan Prestot était curé de Versailles, par résignation de Messire Pasquier de Montmiral.

Le 10 octobre de la même année, Fiacre Lotin, vicaire de Versailles, fait son testament.

Messire Jehan Deschamps, vicaire, fait de même son testament,

---

(1) Archives de Seine-et-Oise *Registre de la fabrique de St-Julien de Versailles* f° 17 v°

(2) ibid f° 86. Philippe Colas, seigneur de Versailles, en partie, avait donc acheté soit un excédant de tuile neuve pour la couverture de l'église, soit le tout ou partie de la vieille tuile provenant de ladite couverture pour son usage particulier.

et ordonne sa sépulture en l'église de Versailles, le vendredy 6 décembre 1585, et de plus, donne le compte de l'argent qui lui est dû par le curé de Versailles.

En 1612, Messire Pierre de Glanderon, était curé de Versailles, et Messire Estienne Vincent, son vicaire.

Vers la fin du XVIIe siècle, la cure de Versailles était passée aux mains des prêtres de la Mission qui en affermaient les biens et les dîmes, ainsi qu'il appert de l'acte suivant.

Le 4 juillet 1689, par devant Lamy, notaire à Versailles, furent présents : Messire François Hébert, supérieur des prêtres de la congrégation de la Mission de Versailles, et curé dudit lieu ; Messires Henry Morsan, François-le-Cœur et Pierre Casimir (sic) du Caz ? tous aussy prêtres de ladite congrégation, assemblés en la salle où ils ont coutume de bailler de leurs affaires, etc.

Lesquels en conséquence de la sentence rendue au bailliage de Versailles le 14 juin 1689, font bail à M. Charles Quarré, et demoiselle Magdeleine Doyen, son épouse, à leurs risques et dépens, qui promettent faire jouir à Jean de Launay, marchand boucher, demeurant à Versailles, place du Marché, à l'hostel de Picardie, et Catherine Beusnon, sa femme, etc...

Les dimes de la paroisse de Versailles en quoi qu'elles puissent consister, avec les terres labourables qui restent de 12 arpents et demi appartenant à la cure dudit Versailles, en ce qu'elles contiennent, Sa Majesté ayant pris le surplus pour faire les moulins et pour planter des bois, montant à 5 ou 6 arpents. Plus un pré contenant 7 quartiers ou environ joignant lesdites terres, et d'autant que Sa Majesté a depuis peu fait démolir lesdits moulins. Lesdits preneurs pourront si faire se peut, se mettre en possession des terres sur lesquelles ils étaient bâtis et des petits jardins y joignant et les faire valoir. Pour en jouir, moyennant le prix et somme de 230 livres de ferme en deniers comptants, de 400 bottes de foin, loyal, marchand, du poids de 10 à 12 livres ; par chacune desdites quatre années que les preneurs s'obligent et promettent bailler et payer en leur maison presbytéralle auxdits bailleurs, savoir : le premier paiement dans un an à pareil jour des présentes, et le deuxième à la Saint-Martin d'hiver, et ledit foin après la récolte des foins, à la charge d'entretenir, cultiver et ensemencer les terres en bon état, etc... (1).

Comme partout ailleurs, la dîme de Versailles était difficile à récupérer, et les curés obligés parfois de sévir et de faire punir les récalcitrants, ne trouvaient rien de mieux à faire que d'affermer les dîmes et les biens de leurs églises, lorsqu'ils le pouvaient. Ces biens étaient le plus souvent adjugés au plus offrant et dernier enchérisseur, qui prenait à titre de bail d'héritages les biens et les terres sur lesquels étaient constitués ces revenus, au prix de l'adjudication. De plus, l'église de Saint-Julien avait et percevait les dîmes d'Ourcines et de Vélizy, nous ignorons à quel titre ces revenus lui avaient été attribués.

---

(1) Archives nationales. *Titres domaniaux de la Couronne.* O¹ 3881.

## La Léproserie ou Maladrerie de Versailles

La léproserie de Versailles fut fondée au treizième siècle par les seigneurs de ce lieu. La lèpre, maladie inconnue dans nos contrées avant les croisades fut importée d'Orient à la suite de ces expéditions, et par les pélerins des lieux saints. Elle se perdit avec la cessation des croisades, et toutes les léproseries, faute de lépreux, furent alors changées en maladreries.

Le seigneur de Porchéfontaine devait à la maladrerie de Versailles quatre minots ou miniers de seigle par an. (1)

Elle avait un gardien ou un administrateur nommé par l'évêque de Paris, par exception à la règle générale qui plaçait la collation de toutes les maladreries de France, en la charge du grand aumônier de France.

La raison de cette exception est que la grande aumônerie de France ne fut créée qu'en 1543, en faveur d'Antoine Sanguin, cardinal de Meudon, et que les priviléges de cette charge ne commencèrent probablement qu'avec Geoffroy de Pompadour, évêque d'Angoulême, de Périgueux et du Puy, créé grand aumônier du Roi, en 1486.

---

(1) Le minot était la moitié d'une mine, et la mine la moitié du setier.

## LA LÉPROSERIE OU MALADRERIE DE VERSAILLES.

Avant cette époque et sous les Capétiens, le chapelain du Roi portait le titre d'aumônier du Roi, clerc du Roi, maître ou clerc de l'aumône, chapelain ou grand chapelain du Roi. Ainsi, avant Geoffroy de Pompadour, la charge d'aumônier du Roi, avait des privilèges moins étendus, et il est probable que les maladreries et les hôpitaux fondés avant 1486, restèrent à la collation des ordinaires ou des successeurs des fondateurs.

Dans la revue générale ou visite des léproseries faite en 1350, il est fait mention de celle de Versailles.

Le registre de ces visites dit qu'en 1351 cette léproserie avait au-dessous de la chapelle (de St-Michel) du Houssay, dans le côteau au-dessus de Bougival, un quartier de vignes, et un quartier et demi de vigne entre Louveciennes et la Houssaye. *(Sublus capellam du Houssay unum quarterium vinearum, et quarterium cum dimidio inter Lupicenas et Houceyam).*

Les revenus de la maladrerie de Versailles consistaient en plusieurs vignes à Sèvres et à Bougival, et des terres à la Bretonnière et à Glatigny. Les villages qui avaient droit d'y envoyer leurs malades, étaient : Chaville, Viroflay, Montreuil, Le Chesnay et Rocquencourt. La maladrerie de Versailles se trouvait située d'après d'anciens titres, entre Montreuil et Versailles, elle subsista jusqu'en 1679, époque à laquelle elle fut abattue. Elle était entourée de terres en culture appartenant en grande partie aux seigneurs de Versailles et bâtie sur le terrain seigneurial de ce lieu, ce qui vient à l'appui de la fondation de cette maladrerie par les seigneurs du lieu. (1).

Comme nous l'avons dit l'évêque de Paris avait la collation de cette léproserie et l'on en a des exemples en 1503-1518 et 1525, années où il fut appelé à nommer l'administrateur ou supérieur de cette maison.

Cette maison de charité fut depuis acquise par Louis XIV, et par lettres patentes données à Paris en juin 1720, elle fut établie

---

(1) L'abbé Lebeuf, *Histoire du diocèse de Paris*, T. VII p. 321.

hôpital royal. Le 4 février 1781, Louis XVI ayant reconnu que les secours accordés tant par lui que par ses prédécesseurs à cet hospice n'étaient pas proportionnés aux besoins de la ville, augmenta l'établissement de 40 nouveaux lits, et ordonna la construction d'un nouvel édifice sur les dessins et les plans de Darnaudin. Le 17 mars 1787, le Roi, en conséquence de l'édit du mois d'août 1786, portant réunion des deux Montreuils à la ville de Versailles, ordonna que la donation (royale) serait portée à 150,000 livres à prendre sur les revenus des domaines de Versailles, Marly et Meudon.

# LES
# SEIGNEURS DE VERSAILLES

### Hugues de Versailles.
### 1038.

Hugues de Versailles est le plus ancien seigneur de ce lieu, que l'on connaisse. Il est mentionné comme témoin d'une charte donnée en l'an 1038, en faveur de l'abbaye de Saint-Pierre de Chartres, au sujet d'un lieu nommé Bernerici-Villæ, par Eudes, comte palatin, rappelant les dons de ses parents à ce monastère et les confirmant. Indépendamment du comte Eudes (1), se trouvent les noms de ses fidèles et témoins : Foulques, vicomte, Sansguallo, sénéchal, Hugues de Méluis, Hilduin de Rameru, Hugues Tronel, Hugues de Versailles (Versalliis), Ingelger de Islaris. (2)

Hugues de Versailles fut, à n'en pas douter, le fondateur du prieuré de Saint-Julien de Versailles, qui n'était dans l'origine

---

(1) Eudes II, comte palatin de Chartres.
(2) Guérard. *Cartulaire de Saint-Père de Chartres*. T. 1er, p. 125.
L'abbé Lebeuf. *Histoire du diocèse de Paris*. T. VII, p. 307.

qu'une simple chapelle bâtie autour de quelques maisons de serfs et de bûcherons formant alors, au milieu des bois et des marécages, le petit village de Versailles.

Il est à croire, cependant, que ce prieuré avait à cette époque des revenus assez considérables, puisque le prieur était tenu de payer le droit de pigmentum aux chanoines de Notre-Dame de Paris, dont ces derniers ne faisaient exception que pour les prieurs trop pauvres pour acquitter ce droit (1) qui s'exerçait tour à tour sur les titulaires des églises et prieurés.

## Amaury de Versailles.

### 1052.

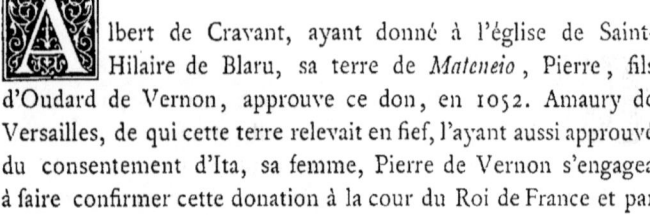

Albert de Cravant, ayant donné à l'église de Saint-Hilaire de Blaru, sa terre de *Mateneio*, Pierre, fils d'Oudard de Vernon, approuve ce don, en 1052. Amaury de Versailles, de qui cette terre relevait en fief, l'ayant aussi approuvé du consentement d'Ita, sa femme, Pierre de Vernon s'engagea à faire confirmer cette donation à la cour du Roi de France et par Simon, seigneur châtelain de Neauphle, qui était seigneur suzerain de ladite terre. (2)

En reconnaissance de ce bienfait, les moines de Coulombs à qui l'église de Blaru avait été donnée par Oudard de Vernon, inscrivirent la première lettre du nom d'Amaury dans leur missel et le mirent au nombre des bienfaiteurs de leur abbaye.

---

(1) Nous avons dit que le piment était une sorte de vin épicé dont les chanoines de N.-D. de Paris étaient très friands, d'autres auteurs ont écrit que le droit de pigment consistait en une certaine quantité de feuillages, verdure et herbes odoriférantes dont on jonchait le pavé des églises à certaines grandes fêtes de l'année.

(2) Auguste Moutié. *Histoire de Chevreuse*. T. II, p. 261.

Après la mort de Pierre de Vernon, son fils, Hugues, confirma cette donation à ladite abbaye du temps de Gislebert, évêque d'Evreux (1071 à 1112). (1)

## Geoffroy de Gometz.

### 1064.

Geoffroy de Gometz, chevalier, était seigneur en partie de Versailles, au moins dès l'an 1064. A cette date, du consentement d'Ermengarde, sa femme, de Simon, d'Amaury et de Geoffroy, ses fils, d'Ours, son frère, et de Milon et Guy de Chevreuse, ses seigneurs (*meorum seniorum de Caprosia*), du fief desquels relevaient les biens dont il voulait disposer, il fit à la riche abbaye de Marmoutiers un don considérable qui fut l'origine du prieuré de Bazainville sous l'invocation de Saint-Georges, dépendant de ce monastère.

Les biens compris dans cette donation se composaient : « de
» l'église et du village de Bazainville avec toutes leurs apparte-
» nances et toute la justice ; la moitié d'un moulin assis sur le
» ruisseau de Salceron ; (2) deux hôtes et trois arpents de vignes
» au lieu nommé *Mainolium*, avec les vignes qui en dépendaient
» et divers droits sur les vignes et sur les moissons ; trois
» prébendes en l'église de Versailles, après l'extinction de
» l'usufruit dont elles étaient grevées, et la sépulture du même
» lieu ; (3) les revenus de l'autel de Beconcelles, (4) dont Ours,

---

(1) Prieuré de Blaru. *Miscellanea monastica*, par le Père Machault. Bibliothèque nationale.

(2) Le moulin de Giboudet (ou Giroudet), seul existant à Bazainville.

(3) Après la mort des chanoines, premiers possesseurs de ces prébendes, l'abbé et le couvent du grand monastère de Marmoutiers devaient nommer les titulaires de ces canonicats. Suivant l'abbé Lebeuf, il y avait à Versailles, dès cette époque, une église collégiale dont le premier chanoine prenait le titre de prieur.

(4) Beconcelles, aujourd'hui Orgerus, canton de Montfort l'Amaury, Seine-et-Oise.

» frère du donateur, devait encore jouir sa vie durant; et enfin
» les coutumes que lui-même, Geoffroy de Gometz, avait au
» château de Mantes. »

A la sollicitation du donateur, le roi Philippe I$^{er}$, la cinquième année de son règne, confirma de l'apposition de son sceau, l'acte de cette pieuse libéralité, rédigé par la chancellerie royale, et revêtu des signatures de Geoffroy de Gometz, de ses cinq fils, dont les deux derniers, Milon et Guy, ne sont pas nommés dans le corps de ladite charte, des divers membres de sa famille, et de douze des féaux du Roi au premier rang desquels on trouve : Galeran, comte de Meulan, Gaucher de Neauphle et Hugues le Roux, l'un des trois châtelains de Châteaufort. (1)

Geoffroy de Gometz était le frère de Guillaume de Gometz, sénéchal de France, dont la fille et unique héritière : Hodierne, épousa Guy I$^{er}$, seigneur de Montlhéry, neveu de Bouchard I$^{er}$ de Montmorency.

Geoffroy devait être mort peu de temps après la donation que nous avons rapportée (vers 1065 ?), à moins qu'il ne se fut retiré dans un monastère comme le fit Guy de Montlhéry, son neveu ; de toute façon sa mort est incertaine.

## Philippe de Versailles.

### 1100.

En l'an 1100, Philippe de Versailles se fit moine à l'abbaye de Marmoutiers, du consentement d'Helvise ou Héloïse, sa femme. La vie édifiante des moines du prieuré de Versailles fut le motif qui le détermina à se faire religieux. Lors de sa prise d'habit en ladite abbaye, il lui abandonna le reste de

---

(1) A. Moutié. *Histoire de Chevreuse*. T. II, p 90.

l'église Saint-Julien de Versailles, (1) l'église de Fontenay-le-Fleuri, et de plus, un labourage au terroir dudit Fontenay, avec l'hôte qui le cultivait. Après l'échange fait en 1182, en vertu duquel le prieuré de Versailles fut cédé par l'abbaye de Marmoutiers à celle de Saint-Magloire de Paris, la jouissance desdits biens passa à cette dernière abbaye. (2) Trois ans plus tard (en 1185), Hélie, abbé de Saint-Magloire, vendit ledit labourage de Fontenay, moyennant 50 livres, à l'abbaye de Notre-Dame du Val, près de Pontoise. (3)

## Robert I<sup>er</sup> de Versailles.

### 1138.

Le 24 mai 1138, Robert de Versailles est témoin d'une charte constatant qu'Urson et Adam, vicomtes de Melun, ont renoncé aux droits qu'ils percevaient injustement sur les terres de l'abbaye de Saint-Maur-des-Fossés, sises à Moisenay et à Courceaulx. Parmi les autres témoins de cette charte, se trouvent : Bercelin de Moret, Adam de Milly, Renaud de Saint-Germain, et autres seigneurs. (4)

La présence de Robert, comme témoin de ladite charte, et la similitude des armoiries des seigneurs du nom de Versailles avec celles des vicomtes de Melun, en tout semblables, sauf les différents meubles mis en chef de leur blason comme brisures,

---

(1) C'est-à-dire la nef, puisque dès l'an 1084, l'autel appartenait aux moines de Marmoutiers.

(2) Gaignières. Bibliothèque nationale M<sup>ss</sup> original 5462. Extraits M<sup>ss</sup> 10999.

(3) Bibliothèque nationale fonds latin 5462. *Titre sommaire de l'abbaye du Val*, p. 171.

(4) Tardif. *Monuments historiques Cartons des rois de France*. Abbaye de Ferrières (à la date). Archives nationales K. 23. N° 3.

nous portent à croire que les premiers possesseurs de Versailles étaient issus d'une branche de la famille desdits vicomtes. (1)

## Jean I<sup>er</sup> de Versailles.

### 1140-1190.

Vers 1140, Jean de Versailles (*Johannes de Versaliis*), paraît comme témoin dans une charte donnée en faveur de l'abbaye de Longpont, au sujet d'un différend entre les moines de Longpont et le seigneur Frédéric de Grimi, (?) pour une vigne qu'il tenait en fief, et sur laquelle les moines avaient à percevoir un demi-muid de vin de cens, et huit deniers en plus. Ledit Frédéric disait ne rien devoir, de là vint la discorde, un mémoire fut fait par le susdit Frédéric qui en vint à injurier les religieux, et puis s'en repentit, fut pénitent, repréhendé, et enfin composa avec les moines ; un accord intervint, par lequel il fut convenu que ces derniers prendraient leur demi-muid de vin au pressoir dudit seigneur, et non ailleurs. (2)

Dans une charte donnée en 1164, par Maurice, évêque de Paris, l'on voit que Jean de Versailles et Ermesinde, son épouse, présents en personne, transportent par les mains de ce prélat, aux chanoines de Saint-Martin-des-Champs les dîmes de Felins (3) jusqu'à quatre ans, moyennant 60 livres parisis. Jean garantit ces dîmes à ladite église Saint-Martin, et s'engage pour lui et ses successeurs à ne faire nul détriment par la suite à cette église. Guillaume de Moret, frère d'Ermesinde, loue et approuve la vente de ces dîmes qu'il

---

(1) Les armes des vicomtes de Melun, sont : *d'azur, à 7 besants d'argent, 3, 3 et 1 ; au chef d'or*. Les seigneurs de Versailles portaient de même, le chef chargé d'un lionceau, de losanges, etc., pour brisures.

(2) Cartulaire de Longpont.

(3) Flins. (Seine-et-Oise.)

tenait en fief, et qui étaient du patrimoine d'Ermesinde. Baudouin et Frédéric, fils de cette dernière, sont nommés dans cette charte, ainsi que nombre de clercs et de laïques. (1)

En 1182, par des lettres données à Saint-Germain-en-Laye, le roi Philippe-Auguste confirme l'échange conclu entre les moines de Marmoutiers et ceux de Saint-Magloire, que nous avons rapporté ; Jean I$^{er}$ étant seigneur de Versailles. (2) Six ans plus tard (1188), Jean de Versailles, et ses fils, concèdent à ladite abbaye de Saint-Magloire, le droit de voierie à Versailles, ajouté à celui de four banal que possédait déjà ce monastère en ce lieu (3). Ce seigneur de Versailles mourut peu de temps après.

De son mariage, Jean I$^{er}$ eut deux fils qui lui succédèrent dans la seigneurie de Versailles : 1º Gervais, qui était mort vers 1190, 2º Gilon, qui suit après Hugues II de Versailles, et paraît avoir succédé à Gervais, son frère, dès l'an 1190.

## HUGUES II DE VERSAILLES.

### 1170.

Dans une charte de l'an 1170, donnée par Ernaud de la Ferté, seigneur de Villepreux, qui venait de succéder à son père en cette seigneurie, paraît comme témoin : *Hugues de Versailles*. Ernaud, par ladite charte confirmait à nouveau les biens du prieuré de Saint-Nicolas-des-Bordes, à la prière de son oncle, Hervé de Villepreux, prieur de Saint-Martin des Champs, et depuis abbé de Marmoutiers en 1177. (4) Parmi les autres témoins de cette charte se trouvent : Gervais de Châteauneuf, Gautier

---

(1) Guérard, *Cartulaire de Notre-Dame de Paris*, I. p. 71.

(2) Léopold Delisle, *Catalogue des Actes de Philippe-Auguste*, p. 14. Nº 54.

(3) Cette concession est rapportée tout au long dans l'article du *Prieuré de Saint-Julien*.

(4) Ce prieuré était situé au Haut-Villepreux, il a disparu, mais le nom des Bordes est resté à un faubourg de Villepreux.

Bouet ou Bouel, Hugues Pilet, Renaud de Boisse et Josselin de la Porte. (1)

Hugues II de Versailles, ne nous est connu que par le document qui précède. Quant à sa filiation et le degré de parenté qu'il pouvait avoir avec les seigneurs de Versailles ses contemporains, il nous est totalement inconnu, cependant, on peut le croire frère de Jean I<sup>er</sup>, et fils de Robert, car sa présence comme témoin dans la charte que nous avons citée émanant d'un seigneur puissant, ne peut le faire supposer autrement que comme membre de la famille des seigneurs de Versailles.

## Gilon ou Gilles I<sup>er</sup> de Versailles.

### 1190-1228.

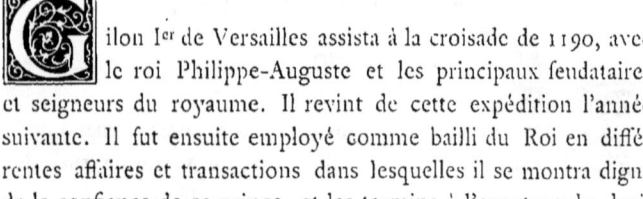

Gilon I<sup>er</sup> de Versailles assista à la croisade de 1190, avec le roi Philippe-Auguste et les principaux feudataires et seigneurs du royaume. Il revint de cette expédition l'année suivante. Il fut ensuite employé comme bailli du Roi en différentes affaires et transactions dans lesquelles il se montra digne de la confiance de ce prince, et les termina à l'avantage du droit et de la justice.

En 1194, Gilon de Versailles et Pierre et Raoul du Pecq, se portent cautions de Garnier de Rocquencourt, pour l'accord fait entre lui et l'abbaye de Sainte-Geneviève de Paris, devant Mathieu de Marly, et Mathilde, son épouse, au sujet de la dîme de Mauny ou des Moulineaux. (2) Garnier de Rocquencourt reçut de ladite abbaye 8 livres parisis, sous la condition de renoncer au relief qu'il prétendait lui être dû.

---

(1) Bibliothèque nationale. Collection Moreau. T. 76, f° 64.
(2) Les Moulineaux, écart de la commune de Bailly (Seine-et-Oise).

## LES SEIGNEURS DE VERSAILLES. 57

Au mois de mars 1207, Guy, seigneur de Chevreuse, avait eu un différend avec l'abbaye de Saint-Denis, au sujet des prétentions qu'il avait au droit de charrois sur les hommes du bailliage de Beaurain. Avoué de l'abbaye comme l'avaient été ses prédécesseurs, Guy, se montra vassal bien plus soumis qu'eux envers ce monastère ; il fit un compromis entre les mains de Raoul, aumônier de Saint-Denis, et de Gilon de Versailles, chevalier, et bailli du Roi, et s'en rapporta entièrement à leur décision : ceux-ci après une enquête minutieuse faite en présence d'Henri, abbé de Saint-Denis, de Mathieu, seigneur de Montmorency, et d'un grand nombre d'autres personnages, reconnurent que le seigneur de Chevreuse ne pouvait y avoir aucun droit. Guy le reconnut lui-même et y renonça pour toujours. L'acte en fut passé au village de la Chapelle près de Montmartre, dans l'église de Sainte-Geneviève. (1)

L'année suivante (en février 1208), Gilon (Gilo) de Versailles, Hugues Bastons et Guillaume Paste, furent choisis pour arbitres d'un différend entre l'abbaye de Saint-Maur-des-Fossés et Philippe de la Glisière.

En 1209, il fit hommage à l'évêque de Paris dont il était vassal, pour son fief de Versailles, que tenait de lui en fief Enjorrand de Sèvres (de Sépara). (2) La même année, Gilon de Versailles donne une charte par laquelle Garnier de Rocquencourt, chevalier, ayant donné à l'abbaye du Val la grange qu'il possédait à Rocquencourt, avec ce qui lui appartenait dans la dîme de ce lieu, ce don est approuvé par Guillaume, son neveu, dont il tenait ces choses en fief, et par Comtesse, femme dudit Guillaume ; Gilon de Versailles, comme seigneur dominant de ces biens qui étaient de la dot de Soricia, son épouse, approuve aussi ce

---

(1) A. Moutié. *Histoire de Chevreuse*. II. p. 133 (Mémoires de la Société Archéologique de Rambouillet. T. II et III) *Cartulaire de Beaurain*. f° 7.

(2) L'évêque de Paris avait un fief à Versailles, ou une partie de la seigneurie que tenait de lui Gilon de Versailles dès l'an 1197. Nous verrons plus loin un autre aveu pour ce fief.

don ainsi que ladite Soricia et Thomas et Gaston, enfants qu'elle avait d'un premier mariage. (1)

Dans une charte donnée le 8 février 1212, Gilon paraît au sujet d'Aveline, femme de défunt Thibault Bovart, pour leur maison de Bray, tenue en fief de l'église Notre-Dame de Paris. (2)

A une assemblée tenue au château de Pierrefonds, la même année, pour constater les privilèges et le nombre des usagers de la forêt de Compiègne, se trouvaient au nom du Roi : Gilon de Versailles et Renaud de Béthisi, baillis royaux.

Vers 1214, lesdits baillis annoncent au roi Philippe-Auguste, que Thierri de Beaurieux, chevalier du comte de Rouci, n'est pas venu prendre part à l'enquête que ledit Gilles, ledit Renaud, Guillaume Paste et ledit Thierri devaient faire, du consentement du comte de Rouci, pour savoir si les hommes de la commune de Cerny devaient payer un droit de vinage audit comte. L'enquête a constaté que ce droit n'était pas exigible. Du temps de Gui de Béthisi, prévôt de Laon, un homme de Robert de Pierrepont fut forcé de faire amende pour avoir pris le vinage d'un homme de ladite commune. (3)

La même année (1214), Gilles se portait caution de Barthélemy de Roie, pour l'achat d'une terre à Gonesse. (4)

En 1215, Philippe-Auguste étant à Compiègne, rapporta l'enquête que ses baillis : Guillaume Paste, Gilles de Versailles et Renaud de Béthisi avaient faite par son ordre, pour terminer le procès pendant entre Simon d'Équancourt et les bourgeois de Péronne, au sujet de certains pâturages situés près d'Éterpigni. (5)

---

(1) Le sceau de Gilon appendu à cette charte est armorié d'un écu à sept besants, trois, trois et un, au chef chargé de trois losanges. Légende : *Sigillum Egidii de Versalliis*. (*Gaignières*. Extraits de l'abbaye du Val.) Dans un autre sceau du même Gilon, de l'an 1201 et armorié de même, on lit la légende suivante : *Sigillum Gilouis de Versailles*

(2) Guérard. *Cartulaire de Notre-Dame de Paris*. T. II. p. 253.
(3) L. Delisle. *Catalogue des Actes de Philippe-Auguste*. p. 348. N° 1525.
(4) Archives de Seine-et-Oise. *Fonds de Joyenval*.
(5) L. Delisle. *Catalogue des Actes de Philippe-Auguste*. p. 354. N° 1557.

Un acte du Cartulaire de Saint-Corneille de Compiègne, daté de la même année (1215), fait connaître les noms des baillis du Roi, exerçant en son nom pour apaiser les troubles et les différends survenus en Picardie et en Beauvaisis ; ces baillis étaient outre ceux que nous avons nommés : Guillaume de la Chapelle et Richard Harme. (1)

L'année suivante (1216), lesdits Gilles de Versailles et Renaud de Béthisi, furent chargés par le Roi, de forcer les bourgeois de la commune de Beauvais à rendre hommage à leur évêque, et les mayeur et jurats à lui prêter serment de fidélité. Cet évêque n'était autre que Philippe de Dreux, qui combattit à Bouvines armé d'une massue avec laquelle il assommait les ennemis, éludant ainsi le précepte religieux qui défend de verser le sang humain.

La voierie de Soisy (Choisy-aux-Bœufs), lieu voisin de Versailles, relevait de Gilles de Versailles, et c'est ce qu'il atteste en témoignant l'an 1216, que Guillaume le Roux et Robert le Pelu (ou Pelu), chevaliers, avaient engagé une partie de la terre de Soisy à l'abbaye de Sainte-Geneviève de Paris, pour la somme de trente livres parisis, ne s'en retenant que le droit de tensement et de forage. Dans cet acte il prend la qualité de bailly du Roi. (2)

Une sentense arbitrale fut rendue à Roye, au mois de février 1218, par le chanoine Sigebert et Henri seigneur de Cessoy (?) chevalier, sur une contestation mue entre le Chapitre de Noyon et Hugues de Maignelay, chevalier, longtemps débattue devant Gilles de Versailles, Régnier (Renaud) de Béthisi, chevalier, et Sigebert de Laon, baillis royaux, au sujet des biens situés aux terroirs de Monchy-Lagache et Douvieux, réclamés par le Chapitre de Noyon comme legs du chanoine Vermond de Cessoy, et par Hugues de Maignelay comme provenant de la succession de sa mère Agnès ; ladite sentence donnant gain de cause au

---

(1) Bibliothèque nationale. *Fonds Moreau.* T. 119, f° 489.
(2) L'abbé Lebeuf, *Histoire du diocèse de Paris.* T. VII, p. 312. (Paris, 1757).

Chapitre de Noyon, fut suivie d'une notification faite par lesdits baillis royaux à qui de droit. (1)

Au mois de mai 1219, Simon, archevêque de Bourges, et Gilles de Versailles, furent choisis pour arbitres du différend survenu entre l'abbaye de Saint-Denis, d'une part, et Simon de Gency, d'autre part ; touchant une censive que ledit Simon tenait de ladite abbaye, au territoire de Gency : les arbitres déclarèrent que ces censives étaient bien à l'abbaye, et en donnèrent les détails. (2)

L'an 1220, au mois de février, Renaud, abbé, et le couvent de Saint-Prix s'en rapportent à l'arbitrage de G....., trésorier, et de Nicolas de Roisel, chanoines de Saint-Quentin, de Gilles de Versailles et de Guillaume du Châtellier, pour régler le différend qui existait entre eux et la commune de Saint-Quentin, au sujet de quelques pâtures. S'il en est besoin l'évêque de Senlis sera pris pour cinquième arbitre. (3) Nous ignorons comment se termina cette affaire et de quelle manière ce différend fut réglé. La même année, Gilles, seigneur de Versailles, paraît comme témoin dans une charte en faveur de l'abbaye de Saint-Denis.

Dans le même temps le Roi adresse un mandement à Gilles de Versailles, à Renaud de Béthisi et à Jean des Vignes, prévôt de Senlis, touchant la justice de Liancourt qui lui était contestée par le Chapitre de Beauvais, et l'épreuve du combat à laquelle les hommes de Liancourt, mis en cause, pourraient offrir de se soumettre à l'occasion d'un homicide commis pour leur délivrance. (4)

En février 1221, par lettres données à Saint-Germain-en-Laye,

---

(1) Archives de l'Oise. Inventaire, p 345. *Cartulaire du Chapitre de Noyon*, f° 165. (2) Archives de Seine-et-Oise. *Inventaire des Chartes de l'abbaye royale de Saint-Denis*. T. 1er, p. 509. (3) L. Delisle. *Catalogue des Actes de Philippe-Auguste*, p. 432. N° 1954.

(4) Cette épreuve était une sorte de jugement de Dieu, et ceux qui s'y soumettaient ainsi qu'à d'autres épreuves étaient persuadés que Dieu lui-même interviendrait en faveur de l'innocent ou de l'ayant droit.

le Roi mande à Gilles de Versailles, à Renaud de Béthisi et à Sibert de Laon, ses commissaires royaux, de faire à la première assise d'Amiens, une enquête sur la manière dont le ban du vin doit être établi dans cette ville. (1) Peu de temps après, Gilon de Versailles, bailli du Roi, et Clémence, son épouse, approuvent un don du seigneur de Saint-Simon, à l'église Notre-Dame de Ham. (2)

La même année, au mois d'avril, par des lettres données de même à Saint-Germain, Philippe-Auguste autorise le doyen et le Chapitre de Sainte-Croix d'Étampes, à posséder perpétuellement le verger et la maison provenant de l'héritage de feu Renoud de Corbeil, qui leurs avaient été vendus par Manassés de Garlande et par Gilles de Versailles. (3)

En juin 1223, Eudes, seigneur de Ham, s'engage en présence dudit Gilles, à rendre au Roi le château de Ham quand il en sera requis. (4)

En mai 1226, pardevant l'official de l'évêque de Paris, Eudes de Montfermeil, chanoine de Montmorency, vend au profit du Chapitre de Notre-Dame de Paris, vingt-cinq arpents de terre et de pré, et trente sols parisis de chef cens, le tout situé en la vallée de Curmont, entre Montmartre, Saint-Ouen et Saint-Denis, à la réserve d'un arpent de pré, assis proche Romaincourt en la paroisse de Saint-Léger, moyennant deux cents livres parisis. Ladite vente faite du consentement de Raoul de Cornillon, chevalier, duquel ce que dessus était mouvant en fief, et de Gilles de Versailles duquel était mouvant et relevait le fief dudit Cornillon, et garantie par une charte donnée sous le sceau de l'official de Paris à la date susdite. (5)

---

(1) L. Delisle. *Actes de Philippe-Auguste*, p. 451 n° 2032. (2) Bibliothèque nationale. *Cartulaire de l'abbaye de Ham*. Fonds Moreau, T. 129, f° 91. (3). L. Delisle. *Actes de Philippe-Auguste*, p. 455, n° 2045. (4) L. Delisle, ibid. p. 491, n° 2225.

(5) Archives de Seine-et-Oise. *Inventaire des Chartes de l'abbaye de Saint-Denis*, T. II. p. 14.

Au mois de juillet suivant, les religieux de Saint-Denis prétendant que le fief de Gilles de Versailles et de Raoul de Cornillon étaient mouvants de leur abbaye, les chanoines de Notre-Dame de Paris abandonnèrent ce fief auxdits religieux, et toute leur acquisition moyennant 210 livres que les religieux leur payèrent. (1)

En 1228, Gilles fit hommage à Guillaume, évêque de Paris, pour les fiefs qu'il tenait de lui ; lui demandant délai de quarante jours, sauf à jurer pour ses frères, s'ils lui cèdent leur part. (2) Quelques auteurs ont nommé Milon, Gilon de Versailles, mais cette erreur de nom se rapporte au même personnage.

## Roger de Versailles.

### 1195.

Vers 1195, Roger de Versailles, paraît comme témoin dans une charte où il est rapporté que Jean de Viroflay (Villa-Offlein) ayant donné une terre aux chanoines de Saint-Cloud, ceux-ci la vendent moyennant un cens annuel, à sa veuve, à son fils Galon et à ses autres fils. Parmi les autres témoins se trouvent nommés : Hilduin d'Issy, (3) et Eudes Boucel. (4)

---

(1) Ibid. T. II. p. 20.

(2) Les frères de Gilles de Versailles, devaient être : Roger, Guy, et probablement Robert qui se succédèrent très rapidement dans ladite seigneurie, et qui sont l'objet des articles suivants.

(3) En 1196, Hilduin d'Issy, vend pour quarante livres, aux chanoines de Saint-Cloud, des vignes sises à Malissac. (*Cartulaire de Saint-Cloud.*)

(4) Ibid.

## Guy de Versailles.

### 1197-1230.

Dès l'an 1197, Guy de Versailles possédait en fief de l'évêque de Paris, la terre du Tremblay, dont il lui devait l'hommage, de même que pour celle d'Oursines, comme homme lige de l'évêque. (1) Il céda plus tard le fief d'Oursines, à Ives de Viroflay (Ville-Offlen ou Villoflen), qui le tenait de lui dès l'an 1208.

En 1230, Guy est porté au rôle du dénombrement des vassaux de l'évêque, pour un fief à Oursines. (2)

## Robert II de Versailles.

### 1238.

Au mois de mars 1238, Richeldis ou Richilde, dame de Fontenay (le Fleuri), approuve la vente faite en faveur de l'abbaye de Notre-Dame-du-Val (près Pontoise), par Robert de Versailles, et Béatrix, son épouse, d'une pièce de terre sise audit Fontenay. L'année suivante (1239), au mois d'avril, Philippe de la Bretesche approuve le don que Robert de Versailles et son épouse ont fait de vendre cette pièce de terre située en la censive de Richilde, à ladite abbaye ; et que Richilde tenait en fief dudit Philippe de la Bretesche, seigneur dominant. (3)

---

(1) Ourcines, village aujourd'hui fondu dans la paroisse de Velizy.
(2) Guérard. *Cartulaire de Notre-Dame de Paris*, T. I$^{er}$, p. 8 et 9.
(3) *Cartulaire de Notre-Dame-du-Val*.

## Jean II de Versailles, dit Le Jeune.

### 1246-1250

Jean II, seigneur de Versailles, écuyer, eut des démêlés assez graves avec le prieur de Saint-Julien de Versailles, qui usait de certains droits seigneuriaux dans lesquels le seigneur de Versailles le voulut restreindre et lui empêcher l'exercice. Le prieur avait notamment un droit d'usage dans les bois de Versailles, et Jean s'y étant opposé fut excommunié. Étant venu enfin à reconnaître ses torts envers le prieur, il fut absous de la sentence prononcée contre lui, en 1246.

Quatre ans après (en 1250), Renaud de Corbeil, après son intronisation comme évêque de Paris, reçut la foi, l'hommage et le serment de fidélité de Guy de Chevreuse, pour le château de Chevreuse, et le serment de Mahaut ou Mathilde de Versailles pour les bois de ce lieu, ce prélat se trouvant à Saint-Cloud. Mathilde était alors relicte ou veuve de Jean de Versailles, qui mourut jeune, entre 1246 et 1250. Elle renouvela cet aveu et son hommage au même prélat, à Saint-Cloud, l'an 1252, pour lesdits bois de Versailles et pour un hameau de ce village non spécifié, avec ses appartenances. (1)

## Gaston du Bois.

### 1250.

aston du Bois était seigneur en partie de Versailles. En 1250, il avait pour vassal en cette seigneurie, Simon de Saint-Mars, (2) qui, dans le cours de cette année donna au

---

(1) *Domicella Mathildis relicta Johannes de Versaliis armigeri defuncti venerabilis patre Reginaldi episcopi Parisiensi apud Sanctum Clodoaldum fecit homagium de nemoribus Versaliarum et de quodam vico ejusdem ville cum pertinentiis etc.* (Guérard, *Cartulaire de Notre-Dame de Paris*. T. 1ᵉʳ p. 164.

(2) Saint-Mars, près Jouy-en-Josas, et Les Loges-en-Josas.

prieur de Versailles, sa part dans les dîmes de ce lieu, et une grange appelée Zigrefein, (1) du consentement dudit Gaston du Bois, premier seigneur.

## Jean III de Versailles.

### 1266.

ean III de Versailles est qualifié chevalier (miles), dans une charte donnée en 1266 où il paraît avec Gilet, l'un de ses fils (Giletus de Versaliis, armiger, et mourut la même année.

Il avait épousé Émeline de Vémars, dont il eut : Pierre et Gilet ou Gilles de Versailles, qui se partagèrent les seigneuries de Versailles et de Vémars. Pierre fut surnommé de Vémars à cause de la seigneurie de ce nom, qu'Emeline, sa mère, avait apportée en dot à Jean III, son mari.

Le 15 novembre 1266, Émeline de Vémars, veuve de Jean de Versailles, et Pierre et Gilles, ses fils, confirment la renonciation faite par son mari et leur père, sur des revenus de l'abbaye de Saint-Denis, montants à 40 sous de rente. (2)

Le lundy après la Saint-Martin d'hiver de la même année, les mêmes, Emeline, Pierre et Gilles de Versailles, vendent au profit de l'abbaye de Saint-Denis quarante sols parisis de rente qu'ils avaient droit de prendre annuellement dans la bourse de l'abbé, au jour de Saint-Denis, par une charte donnée à cet effet par devant l'official de Paris. (3)

---

(1) *Aigrefoin*, fief de la seigneurie de Versailles.
(2) Archives de Seine-et-Oise. *Inventaire des Chartes de l'abbaye de Saint-Denis.* T. II. p. 407.
(3) Ibid.

## Pierre I<sup>er</sup> de Versailles, seigneur de Vémars,

### en partie.

#### 1265 - 1285

La seigneurie de Vémars relevait de la prévôté de Gonesse et appartenait primitivement à une famille du Parisis, dont descendait Robert de Saint-Denis, seigneur d'Évemars en 1211-1213. (1)

Un parent de ce personnage, nommé Jean de Saint-Denis, reconnut en 1265, devant le prévôt de Gonesse, que sa justice de Vémars était inféodée pour un tiers à Pierre de Versailles, qui le relevait de lui. D'après les conditions de ce pariage, chacun des pariagers jugeait ses hôtes en matière civile, Pierre de Versailles prenait les deux tiers et Jean de Saint-Denis le tiers des lots et ventes auxquels donnait lieu la vente des immeubles mouvants du premier et chargés d'un cens envers le second. Pour se faire payer ses cens, Jean de Saint-Denis devait faire exécuter le censitaire par Pierre de Versailles, et les amendes revenaient à ce dernier. Chacun d'eux pouvait avoir un sergent. Enfin Pierre de Versailles ne devait pour son fief aucun service de cour.

En avril 1270, Pierre de Vémars, vassal de Pierre de Versailles, ayant vendu sa maison de Vémars (Vemarcio) à l'abbaye de Sainte-Geneviève de Paris, au mois de mai suivant, Gilet ou Gilles de Versailles confirme cette vente comme premier seigneur et y ajoute d'autres biens. A la même date, Pierre de Versailles, écuyer, et dame Philippe, son épouse, confirment cette vente comme deuxièmes seigneurs de la maison de Vémars, et premiers

---

(1) Vémars fait aujourd'hui partie du canton de Luzarches, arrondissement de Pontoise.

seigneurs pour les dons de Gilles de Versailles, ils ajoutent aussi pour leur part d'autres biens à cette vente importante et dont nous allons donner les détails.

Pierre de Vémars, chevalier, avait donné ou transféré à l'abbaye de Sainte-Geneviève, partie à titre onéreux et partie à titre gratuit, ce qu'il possédait, par une charte du 26 avril 1270, par laquelle ledit Pierre, aumôna à ladite abbaye, pour le repos de son âme, de celles de sa femme, de ses fils et de ses père et mère, tous ses conquests et le cinquième de ses propres. Le 30 du même mois et an, il vendit à cette même abbaye, pour 700 livres parisis de rente ses biens patrimoniaux de Vémars consistant en une maison avec son pourpris, en terres arables, cens, hôtes, coutumes, champarts, corvées, fief, seigneurie et justice. L'abbaye obtint ensuite soit gracieusement soit moyennant indemnité, des chartes d'amortissements des seigneurs dans la mouvance desquels ces biens étaient situés ; c'est-à-dire de : Pierre et Gilles de Versailles, de Pierre de Chennevières, de Gauthier de Saint-Denis, sire de Juilli, de Thibaut de Beaumont, d'Agnès de Charpignon, veuve de Pierre de Livronne, de Guillaume de Pierrefite et Jacqueline de Quinquempoix, sa femme, comme tuteur de Pierre de Courcelles, et enfin de Mathieu de Montmorency. Pierre de Courcelles, devenu majeur, ratifia au mois de mai 1276, l'amortissement donné par ses tuteurs. Par suite de ces donations on lisait dans l'Obituaire de Sainte-Geneviève au VIII des calendes de mars « calendas marcii. » Obiit Petrus de Vemarcio, miles, qui dedit nobis XXV libras » parisienses ad augmentum pitanciarum. » L'on voit par là qu'indépendamment des dons que nous avons rapportés, Pierre de Vémars, chevalier, avait donné 25 livres parisis pour augmenter la pitance des religieux.

La conclusion de ces dons et de ces bienfaits fut que l'abbaye de Sainte-Geneviève était devenue suzeraine de Pierre de Vémars pour son fief de ce lieu. A propos de ses devoirs de vassal envers ladite abbaye, ledit Pierre fut cité par les religieux devant le prévôt de Paris, Pierre se refusa à plaider à Paris et le

Parlement reconnut en 1295 qu'il ne pouvait être ajourné que dans un lieu du fief dominant. (1)

La même année (1270), Gauthier de Saint-Denis, sire de Juilli, renonça à la mouvance sur les biens transférés à l'abbaye de Sainte-Geneviève par Pierre de Vémars. Par cet abandon, la famille de Saint-Denis devint étrangère à Vémars. Celle de Versailles, au contraire, conserva longtemps des intérêts dans ce pays, et son nom est resté à une rue de Vémars. C'est dans cette rue qu'était situé son manoir féodal, qui, au dix-huitième siècle, appartenait avec ses dépendances à la susdite abbaye. Ce qu'on appelait alors le fief ou la ferme de Versailles, consistait en deux corps d'hôtels avec granges, étables et écuries, plusieurs bâtiments contigüs, cour, puits, jardins, parterre et potager, le tout clos de murs et formant avec les terres disséminées un total de cent treize arpents et quarante-trois perches. (2)

En 1284, Pierre de Versailles relevait nuement de Jean, sire de Juilli, pour une rente d'environ six livres assignée sur le cens de Pierre de Courcelles ; et dudit Pierre de Courcelles, pour un fief dont la nature n'est pas déterminée.

Au mois de septembre 1284, Mathieu de Montmorency amortit à l'abbaye de Sainte-Geneviève plusieurs fiefs, et donne à ce sujet la charte suivante :

« A tous, Je Mahieu chevalier sires de Montmorency salut,

---

(1) Bibliothèque de Ste-Geneviève, à Paris, Cartulaire de Ste-Geneviève, M' F. b. in-f° parchemin. (Communication de M. A de Dion.)

(2) La maison entourée d'un enclos qui faisait partie de la donation dudit Pierre s'appela plus tard et s'appelle encore aujourd'hui l'hôtel des Carneaux. Ce nom qui se présente pour la première fois en 1379 se trouve en des actes de 1425 et 1563, sous la forme Creneaulx, et vient probablement des créneaux de l'enceinte. (Gustave Faguiez. *Recherches sur Vémars*.) Le sceau de Pierre de Vémars apposé à la charte donnée en 1270 est armorié d'une croix cantonnée de 3 alérions ou aiglettes, le canton en chef à dextre étant plein. On lit autour la légende suivante : Scel Pierre de Vémars, escuier. Gilles de Versailles, son frère fait usage d'un sceau armorié de même qui ressemble aux armoiries des Montmorency, seigneurs de Deuil et St-Leu.

» comme Pierre de Courcelles, escuiers, jadis sire de Vemarz
» ait vendu à l'abbaye de Sainte-Geneviève tout le domaine
» qu'il avait en la vile de Vemarz et avec ce six fiez desquiex
» messire Pierre de Vercelles chevalier en tient un, Gilles de
» Versailles escuier frère, le second, père et fils madame
» Perronnelle de Vileron le tiers, de Perronnelle femme jadis
» feu Hue du Bois le quart, de Jeane femme jadis feu Jean
» Camus le quint, et Clerice la moresse le sixième. Et quatre
» petits arrière fiez desquels messire Pierre Mallart de Vileron,
» chevalier, en tient ung... mouvans de mes fiez » etc. (1)

De Philippe, son épouse, Pierre de Versailles, dit de Vémars, eut un fils nommé Jean, qui fut seigneur de Versailles conjointement avec Gilles, son oncle, et qui suit.

### Gilles II et Jean IV de Versailles

#### 1275-1350.

L'an 1275, Mathieu II de Marly ratifie la vente faite à l'abbaye de Sainte-Geneviève de Paris par Gilles et Jean de Versailles, écuyers, de la justice et du forage de Choisy-aux-Bœufs, de Trianon et de Musceloë, lesquels fiefs étaient mouvants dudit seigneur de Marly.

La charte suivante fut donnée à ce sujet : « A tous ceux qui
» ces présentes lettres verront, nous, Mathieu seigneur de Marly,
» Salut. Savoir faisons que nous voulons, accordons et approu-
» vons les vente et amortissement des voierie, justice et forage
» de Soisy et Trianon, aussi bien que celle du fief de Musceloë

---

(1) Bibliothèque nationale. Fonds latin. Gaignières, Mss 17048 f° 635. Il y avait à Luzarches un fief limitrophe de Chaumontel et relevant de la seigneurie de Versailles (L'abbé Loisel. *Histoire de Chaumontel*. Preuve XLVIII et p. 246-247. 250.)

» (1), et des fiefs de Roger, Jean et Guillaume de Binanville,
» toutes mouvantes de notre fief, qu'ont vendu Jean et Gilles
» de Versailles, écuyers, aux religieux hommes, à l'abbé et au
» couvent de Sainte-Geneviève de Paris. Voulant et consentant
» que lesdits religieux aient et tiennent ces biens susnommés en
» main-morte, et promettant de bonne foi et par l'apposition de
» notre sceau, que contre ces ventes, concessions et amortisse-
» ments, nous ne reviendrons jamais. Donné l'an du seigneur
» 1275. » (2)

En février 1284, Gilles de Versailles vendit à l'abbaye de Saint-Denis, vingt-trois sols sept deniers de chef cens, douze mines d'orge, trois gélines, sept chapons et les droits de champart sur plusieurs masures, terres, vignes et prés, sis à Gouvieux, (3) le tout mouvant en fief de ladite abbaye, sous le sceau du bailliage de Senlis. (4) Il épousa, en 1292, Pétronille de Montorgueil. (5) Au quatorzième siècle les seigneurs de Versailles avaient dans

---

(1) Muscelou, ancien fief dépendant de Bailly-en-Cruye, canton de Marly-le-Roi.

(2) *Universis presentes litteras inspecturis nos Matheus domini Malliaci, salutem. Notum facimus quod venditionem et admortizationem viariæ et justitiam ac foragii de Soisiaco et de Trianon nec non et feodo de Musceloë ac aliorum feudorum videlicet, Rogerii, Johannes et Guillelmi de Binanvilla ; quæ omnia moventia de feodo nostro vendiderunt Johannes et Giletus de Versaliis, armigeri, religiosis viris abbati et conventui beatæ Genovefæ, Parisiensis, volumus concedimus et approbamus. Volentes et consentientes, quod ipsa religiosi habeant et teneant prædicta omnia vir manu mortua, ac promittentes bona fide appositionnens nostri sigilli quod contra hujus modi venditionem, concessionem et admortizationem non venimus in futurum. Datum anno $D^i$ $M^o$ $CC^o$ LXXV.* Le sceau de Gilles de Versailles appendu à cette charte est armorié d'une croix cantonnée de 3 alérions, le canton dextre du chef, semé d'hermines. Légende ; S. *Gilles de Versailles* (Gaignières. Bibliothèque nat$^{le}$ M$^{ss}$ latin. N° 17048, f° 639.)

Duchesne. *Histoire de Montmorency*, p. 412. Le père Anselme. *Histoire des Grands Officiers de la Couronne III*, p. 609. Dom Félibien. *Histoire de Paris*, p. 621

(3) Gouvieux, près de Chantilly, au diocèse de Beauvais, département de l'Oise.

(4) Archives de Seine-et-Oise. *Inventaire des chartes de l'abbaye de Saint-Denis*. T. II, p. 522.

(5) Montorgueil, ancien fief aujourd'hui renfermé dans le parc de Rambouillet.

leur mouvance à Vémars, un fief appartenant à la famille des Gallois d'Aulnoi. En 1342, la mort de Renaud d'Aulnoi vint donner ouverture au relief des héritiers ; ne l'ayant pas exercé, Gilles de Versailles saisit ledit fief et exerçant les droits des ayant-cause dudit Renaud, reçut à foi et hommage : Maître Jehan Sédille qui relevait du défunt un fief composé de 3 arpents de terre au lieudit « la Molière » et du tiers du champart de 9 arpents dont la situation n'est pas indiquée. A cette occasion Gilles de Versailles donna la charte suivante : « A tous ceulz qui ces lettres verront,
» je Gilles de Versailles, escuyer, sire de Vémars, en partie,
» Salut. Je fais assavoir à tous que par la deffaucte des hoirs
» feu Renaut d'Aunoy, ne eulz ne pour eulz ne sont venus en
» nostre foy, en laquelle foy ledict feu Renaud estoit en son
» vivant d'un fié qu'il tenait de nous en la ville de Vémars et ès
» appartenances d'ycelle. Du quel fié a un arrière-fyé qui ce
» despent du fyé dessus dit, et en icelluy arrière-fyé a trois
» arpents de terre ou environ, séans ou lieu que on dit la
» Molière (ou la Moline ?), avec le tiers des champars de neuf
» arpens de terre ou environ et avec ce tant de cens comme
» espoves que dudit arrière-fyé ce despendont. Lequel arrière-fyé
» Maistre Jehan Sédille tenoit dudit feu Renaud d'Aunoy en
» plain fyé et en arrière fyé de nous. Lequel maistre Jehan nous
» avons suffisamment de entres en nostre foy et hommage par
» deffaucte des hoirs dessus nommés ou des devants-dits, et
» nous, Gilles dessus-dit avons receu en nostre foy ou hom-
» mage les diz Maistre Jehan Sédille des choses devant dites et
» pour les causes devant dites, et le promettons à porter bonne
» et loyal garandize et à tous ceulz qui de lui auront cause.
» Donné sous nostre scel duquel nous usons et entendons
» de user l'an de grâce 1342, le dimanche après Pasques les
» grâces. » (1)

Le 15 mai 1350, Gilles de Versailles donne la charte suivante :
« Sachent tuit que nous : Gilles de Versailles, chevalier,

(1) Gustave Faguiez. *Recherches sur Vémars*. p. 281.

» seigneur de Vémars, en partie, avons receu et mis en nostre
» foy et homage Jehan Marchant à cause de Jehanne, sa femme,
» suer et héritière de feu maistre Jehan Sédille de Vémars, de
» unze arpens de terre ou environ, séans en une piése ou terri-
» toire de Vémars és Ouches, et une autre piése de terre en
» Vignolles contenant environ deux arpens tout mouvant de nous
» en fief en un homage, parmi la somme de 16 l. p. (sic. 16
» livres parisis) que nous en avons eu et receu de lui pour cause
» de rachat du dit fief et nous en tenons à bien payé et l'en
» quittons. Et du dit fief avons osté nostre main et l'avons déli-
» vré au dit Jehan Marchant. Donné soulz nostre sceel le samedj
» veille de Penthecouste l'an de grâce M° CCC° L°. » (1)

En 1351, Gilles de Versailles, rendit aveu à l'abbé de Sainte-Geneviève de Paris, pour le fief de Chenevières sis à Vémars. (2) A cette époque, Gilles devait avoir plus de 90 ans. Il est probable qu'il mourut peu de temps après, car c'est le dernier acte qui en fasse mention.

De son mariage avec Pétronille de Montorgueil, Gilles de Versailles avait eu : 1° Robert III qui suit après Jean V de Versailles ; 2° Roberte, et 3° Blanche de Versailles.

Roberte de Versailles épousa Amauri de Roissi, écuyer, qui, le 10 août 1366, en vertu du droit qu'il tenait de sa femme, ensaisina Maistre Nicolas Romain, avocat au Parlement de Paris, d'une ouche ou verger et d'un jardin que ledit Nicolas avait acheté d'Agnès la Hermende et de Tiénot et Jeanne Pannier, pour ajouter à sa maison de Vémars ; et lui donna quittance du droit de vente ou d'ensaisinement en ces termes ; « Sachent tuit que je Amau-
» ry de Roissy, escuier, confesse que, à cause de damoiselle

---

(1) Gustave Faguiez. *Recherches sur Vémars*. Mémoires de la Société de l'Histoire de Paris et de l'Ile-de-France. T. II, p. 281 et 282

(2) Pierre de Chenevières en 1355, et Jean de Chenevières en 1360, firent le même aveu à l'abbaye de Sainte-Geneviève, comme baillistres de Blanche de Versailles. Adam de Chenevières le possédait en 1368, et vendit ce fief cette même année à Nicolas Romain. (Gustave Faguiez, *Recherches sur Vémars*.)

» Roberde de Versagles, ma femme, avoir mis en saisine mestre
» Nicolas Romain avocat au Parlement, de une ouche et jardin
» séant derrière l'ostel dudit Nicolas à Vémars, que Anès la
» Hermende et Tenot Panier et Jehanne, sa femme, lui avouent
» vende, et me tien à bien paié des ventes et saisine et l'en pro-
» met à délivré envers tous. Donné sous mon ceel le jour Saint-
» Lorans l'an 1366. » De son mariage, Roberte de Versailles,
laissa un fils nommé Jean de Roissi, dont le nom reviendra
dans le cours de cette histoire.

En l'an 1397, Blanche de Versailles fit aveu pour le fief des
Petites-Cours-Blanches, à Robert de Versailles, écuyer, son
frère, seigneur des Grandes-Cours-Blanches.

Le fief des Cours-Blanches, sis à Vémars appartenait d'ancienne date aux seigneurs de Versailles qui le tenaient de l'abbaye
de Sainte-Geneviève. Il avait pour manoir la maison du Praël,
située dans la rue du même nom, du côté de Montméliant et se
distinguait en grandes et en Petites-Cours-Blanches. De Robert
de Versailles, la seigneurie des Grandes-Cours-Blanches passa à
la famille parisienne de Nulli ou Neuilly, qui lui donna son
nom. (1)

Blanche de Versailles avait épousé Baudoin de Flixecourt, qui
vivait encore en 1402 ; nous ignorons leur postérité. (2)

Le neveu de Gilles de Versailles, Jean IV$^e$ du nom, mourut
au commencement du quatorzième siècle, laissant de N..., son
épouse, un fils mineur nommé Jean V$^e$ du nom, qui suit avant

---

(1) (Gustave Faguiez. *Recherches sur Vémars*). T. II. des Mémoires de la
société de l'Histoire de Paris et de l'Ile de France, p. 280-281.

(2) Le 12 novembre 1386, une sentence du prévôt de Paris constate que
l'abbaye de Sainte-Geneviève avait partagé avec les familles de Versailles et de
Flixecourt, la justice et les revenus de Vémars Dans ce partage, l'abbaye avait
les deux tiers, et ces deux familles étaient représentées à cette époque, l'une par
Roberte de Versailles devenue veuve ; l'autre par Baudouin de Flixecourt, écuyer,
mari de Blanche de Versailles qui tenaient l'autre tiers en foi et hommage de
ladite abbaye.

Robert, son cousin germain ; et deux filles, dont l'une mariée à Jean du Châtel, écuyer ; l'autre âgée de quinze ans. (1)

Jean du Châtel prétendit recueillir la part de la succession de sa femme sans payer le rachat à l'abbaye de Sainte-Geneviève, de qui relevait le fief de Versailles, à Vémars. Il s'en rapportait à la coutume particulière aux fiefs de la châtellenie de Montmorency d'après laquelle l'hoir mâle qui retenait une partie des revenus ou portion afférente à ses puinés ou à ses sœurs, payait le relief pour eux. L'abbaye répondit que, dans l'espèce l'hoir mâle était mineur, que les fruits de son fief devaient être perçus par l'abbaye jusqu'à sa majorité, et que par conséquent, il ne pouvait acquitter son beau-frère du relief ; que Jean du Châtel ne prenant part à ladite succession qu'en qualité de gendre, était soumis au droit de relief et qu'il était aussi redevable du relief pour sa belle-sœur dont il détenait la terre comme baillistre. Jean du Châtel paraît dans la suite s'être incliné devant ces raisons. (2)

Nous ne serions pas éloignés de croire que la belle-sœur de Jean du Châtel, dont le nom n'est pas mentionné non plus que celui de sa femme, serait Isabelle de Versailles, qui fut abbesse d'Yerres, au diocèse de Paris, en 1332, et mourut le 18 Juillet 1338.

---

(1) Le 8 avril 1304, Regnault d'Angennes, écuyer, achète pour 950 francs d'or du poids commun, l'hébergement et l'hôtel de Marolles, de nobles hommes Polie d'Argeville, chevalier, et d'Aimery de Gais, écuyer, héritiers de feu Jean de Versailles, jadis écuyer, seigneur de Marolles-sous-Broué. (Le Père Anselme. *Histoire généalogique des grands officiers de la Couronne.* T II, p. 421).

Sauf erreur du P. Anselme, l'on ne s'explique pas comment les sieurs d'Argeville et de Gais pouvaient être héritiers de Jean IV de Versailles qui laissait trois enfants survivants de son mariage.

(2) Gustave Faguiez. *Recherches sur Vémars.* Mémoires de la Société de l'Histoire de Paris et de l'Ile-de-France. T. II, pages 279 à 290.

## Jean V de Versailles, Chevalier.

### 1327-1364.

En 1327, Jehan de Versailles n'était encore qualifié que du titre d'écuyer qu'il échangea pour celui de chevalier en 1343, par suite des services qu'il avait rendus à Charles V.

La même année, il fut témoin d'une charte donnée par Jehan de Soisy, prévost de Châteaufort, par laquelle Jehannin le Pelletier de Triarnon, (1) et Gilleitte, sa femme, reconnaissaient avoir vendu à Robin Rémy, de Versailles, et à Jehanne, sa femme, une maison et ses appartenances tenant d'une part à Philippot de Saitoury, (2) et d'autre part, à Gillot-Grésillon, mouvante dudit Philippot, à 6 deniers de cens par an, payables à la Saint-Rémy, et telle chose comme elle pouvait devoir pour la coutume des bois; derechef, deux arpents de terre tenant d'une part à M. Jehan de Versailles, chevalier, et d'autre part au curé de Versailles, mouvants dudit Philippot à douze deniers de cens par an payables à la Saint-Rémy; derechef, un autre arpent de terre tenant audit chevalier d'une part, et au devant dit arpent du prieur de Versailles, à quatre deniers de cens payables à la Saint-Rémy, le tout pour 30 livres parisis.

Jean V, fut employé au service du Roi, et fut l'un des vaillants compagnons d'armes qui prirent part à la grande expédition commandée par le connétable de France, Bertrand du Guesclin. Il prit part à différents combats et dût se trouver à la bataille de Cocherel, gagnée le 23 mai 1364, sur le roi de Navarre, Charles le Mauvais et le capital de Buch.

---

(1) Trianon, paroisse dans le parc de Versailles aujourd'hui disparue.
(2) Satory, fief auprès de Versailles.

Ce fut en considération de ces services, que le roi, par une ordonnance rendue à Paris le 1er novembre de la même année, voulut qu'il fut payé « à son *amé et féal chevalier, Jehan de Versailles* », une somme de 2,000 florins d'or que l'Huillier, receveur général des Aides, devait lui remettre. La même année, Jehan de Versailles, assiégeait le château de Nogent-le-Roi, et faisait part à Charles V de son espérance d'une reddition prochaine. (1)

Jean V de Versailles avait épousé Jeanne de Clagny, dame de ce lieu, qui devenue veuve, se disait dame de Versailles, en 1367, et dont nous parlerons en suivant. (2)

### Robert III de Versailles, dit de Vémars.

### 1348-1402.

obert III de Versailles avait épousé Marguerite de Bonneville, avec laquelle il vivait en 1348. (3)

Il rendit aveu à l'abbé de Saint-Denis pour un fief sis à Plailly, consistant en quatre arpents de terre ou environ, trois mazures à Mortefontaine chargées chacune de douze deniers de cens, un

---

(1) A Paris, le 24 novembre 1364, Charles V ordonne d'allouer 30 francs d'or à Gillet de Villette, escuier, lequel lui avait apporté des nouvelles de par l'Estendart et Jehan de Versailles, chevaliers, que le chastel de Nogent-le-Roi se recouvrerait bien à l'aide de Dieu. (Bibliothèque nationale Recueils des Titres originaux scellés T. 112. Léopold Delisle. *Mandements de Charles V*, p. 65, n° 132. — Dussieux. *Le Château de Versailles*, T. I, p. 5.)

(2) Les armes de Jean de Versailles sont : d'azur à 6 besants d'argent 3, 2 et 1, au chef d'or chargé à dextre d'une merlette de gueules. (Douet d'Arcq. *Armorial du XIVe siècle*).

(3) Les armes de Bonneville ou La Bonneville, sont : d'argent à 2 lions léopardés de gueules passants l'un sur l'autre.

septier d'avoine, deux oublies, deux chapons et une corvée ; ledit acte d'aveu fait le jour de la Conception Notre-Dame, l'an 1351. (1)

Suivant certains généalogistes, Robert de Versailles est qualifié : écuyer, seigneur de Moucy-le-Vieil. Il aurait épousé Nicolle de Villebéon, fille de Pierre de Villebéon, écuyer, huissier d'armes du roi Charles V, et de Marie Braque. (2) Dans ce cas, Nicolle, serait la seconde femme de Robert.

En juillet 1389, il reçut l'acte de foi et hommage, l'aveu et le dénombrement de Jeanne la Romaine, (3) et lui donnait main-levée pour son fief de Vémars.

A la suite de contestations entre pariagers ou seigneurs de fiefs à Vémars, un accord homologué par le prévôt de Paris, le 23 juin 1391, régla ainsi leur communauté :

« Chacun d'eux aurait ses sergents et sa prison, et pourrait
» instruire par prévention les procès criminels jusqu'au juge-
» ment auquel tous devaient prendre part. Au cas où les biens
» du condamné seraient insuffisants pour couvrir les frais de la
» procédure, celui qui l'avait faite y ferait contribuer ses co-sei-
» gneurs. Celui qui prendrait l'initiative d'un procès criminel
» serait tenu sur la requête de ses pariagers, de leur donner
» copie, à leurs frais, de l'inventaire des biens du prévenu. Il
» aurait droit de les obliger à contribuer aux frais de garde des
» prisonniers. En matière correctionnelle chacun pourrait pro-
» noncer amende ou élargissement sans appeler les autres, les
» amendes se partageant bien entendu entre tous. Enfin, chacun
» aurait la connaissance exclusive de ses hôtes. »

---

(1) En 1355, il rendit le même aveu pour ledit fief (Archives de Seine-et-Oise. *Inventaire des Chartes de l'abbaye de Saint-Denis.* T. II, p. 271).

(2) D'Hozier. Généalogie de Braque. Les armes de Villebéon sont : d'argent, à trois jumelles de sinople ; celles de Braque, sont : d'azur, à la gerbe d'or liée de gueules.

(3) Jeanne était très probablement la fille de Nicolas Romain, qui avait succédé à son père en la possession d'un fief à Vémars, et dont nous avons parlé précédemment.

A la date de cet accord, Baudoin de Flixecourt, vivait encore, mais Roberte de Roissy, sœur de Robert de Versailles, était morte, et ledit Robert avait hérité de ses droits sur Vémars.

C'est au même Robert de Versailles, que Baudoin de Flixecourt, son allié, fit aveu et dénombrement le 7 mai 1393, de sa haute, moyenne et basse justice, de diverses terres et maisons et de la mouvance de deux fiefs à Vémars, l'un tenu par Robert d'Aulnai, dit le Gallois, l'autre par Regnauld de Versailles. De plus, Baudoin fit acte de foi et hommage à part pour un autre fief ayant appartenu à Guillaume d'Aulnoi. (1)

Le 4 décembre 1395, Jean de Roissi ayant reçu pour son oncle, Robert de Versailles, la foi et l'hommage d'un fief de Nicolas Romain, sis au terroir de Vémars, lui donna décharge ainsi qu'à ses parçonniers de ses devoirs féodaux, et s'obligea à procurer à maistre Jean Romain, qui lui avait rendu pour son père, la bouche et les mains, un acte de son oncle, reconnaissant que l'acte de foi et hommage avait été fait, et le dénombrement baillé.

En juillet 1402, la seigneurie et juridiction de Vémars se partageait entre : Robert de Versailles, Baudoin de Flixecourt et l'abbaye de Sainte-Geneviève.

De Robert de Versailles, la seigneurie en partie de Vémars, passa comme nous l'avons dit à la famille de Nulli qui lui donna son nom. La translation de propriété eut lieu en 1408, car le 2 septembre de cette année, le chambrier de l'abbaye de Sainte-Geneviève fit recette d'une somme de 40 livres parisis reçue de

---

(1) De cette famille dite d'Aulnay-lès-Bondy était Philippe d'Aulnay, sage, vaillant et bon chevalier. Il fut maistre d'hôtel du roi Charles V et capitaine de Meaux « et vesquit l'âge de 104 ans estant fils de Philippe d'Aulnai et d'Agnès de Montmorency, et pour ce que son père n'était pas chef des armes d'Aulnay, mais l'estoient les enfants de Messire Gauthier; ledit Messire Philippe prit et mit en ses armes pour différence (ou brisure), les armes de sa dite mère qui sont les armes de Montmorency, brisées d'un canton d'argent chargé d'une étoile de sable et les mit au chef de gueules des armes d'Aunay, qui étaient : d'or, au chef de gueules. (Gustave Faguiez. *Recherches sur Vémars*).

Thomas de Nulli pour « les lods et ventes *de la terre de Vémars* », dont Robert de Versailles était propriétaire. (1)

## Gilette de Versailles, dame de Versailles, en partie,

### et de La Grange Lessart.

### 1350.

Dans le même temps que Jean V de Versailles, dont elle était sinon la sœur, au moins la proche parente, Gillette de Versailles, avait en sa possession une partie de la seigneurie de Versailles et le fief de La Grange Lessart. L'aveu suivant qu'elle fit en 1350 nous fait connaître l'importance de ces possessions et est ainsi conçu : « Scachent tuit que je damoiselle
» Gilles (de) Versailles, dame de la Granche et de Versailles en
» partie, fais savoir à tous que je ay mis en ma foy une seule foys
» Phle (Philippe) de Sartoury, (2) escuier, les héritages cy
» dessous només desquiex héritaiges le dit Phle (Philippe) est
» mon home. C'est assavoir une maison, tout le jardin et les
» appartenances qui y peuvent appartenir à Sartoury avecques ce
» tout les hostises de la dicte ville, Item XIII solz de cens ou
» environ, les coustumes des bois pour lui et pour ses hostes,
» une droicture ; Item, LX et dix arpens de terre arable ou
» environ séant au terrouer de Sartoury ; Item, X arpens de friche
» ou environ ou terrouer de Sargollent (3) ; Item, devant la
» porte de la Granche, XV arpens de bois ou environ, tenant
» audict hostel ; Item, V arpens de bois ou environ, à coustume,

---

(1) Gustave Faguiez. Ibid. Mémoires de la Société de l'Histoire de Paris et de l'Ile-de-France. T. II, p. 307.
(2) Satory.
(3) Sergeollant, fief des environs de Versailles.

» tenant au bois dessus-diz ; Item, CI arpens de terre ou environ
» séans ès-bois dessus diz le que fu teste molle, la basse seigneurie
» et fontière que ledit Phe (Philippe) a ès choses dessus dites ;
» Item II arpens de friche ou environ au terrouer de Sartourri ;
» un arrière-fié que Estiennot de Sabrevois tient, contenant
» XXXVIII arpens de terre ou environ ; le manoir du dict
» Estiennot, les appartenances aveccques V arpens de bois ou
» environ tenant audit manoir, le tout assis à Sabrevois ; (1)
» Item, III droictures ; Item, les champarts de V arpens de terre
» ou environ, de XI (gerbes) une, les dismes ; Item, XVI
» soulz de cens ; Item, un autre arrière-fié que ledit Estienne
» tient, Premièrement : le manoir qui fu Monseigneur Jehan de
» Versailles, les jardins et les appartenances, une hostise appar-
» tenante à iceluy manoir ; (2) Item, XII arpens de bois ou
» environ tenant audict manoir ; Item, III soulz de cens ou
» environ ; Item, VIII arpens de terre ou environ aux jardines,
» le champart de VII quartiers de terre ou environ champtés
» à II mains, telle seigneurie comme le dict Estienne puet
» avoir ès diz arrière-fiez ; Item, un arrière fié que Jehan de
» Sainct-Légier tient du du dict Philippe contenant LXVIII arpens
» de terre, et VIII quartiers ou environ séans ou terrouer de
» Sabrevois ; Item, un arrière-fié que Guillemin Rigaut, escuier,
» tient, contenant VIII arpens de bois ou environ séans au
» tertre Huet. (3) En tesmoing de ce je ay mis en ces lettres
» mon propre scel duquel je use à présent en toutes mes
» besoignes, l'an de grâce mil CCCL, le mercredy après la feste
» Sainct-Jacques et Sainct-Christophe. » (4)

Ces biens représentaient un total d'environ 309 arpents de

---

(1) Sabrevois, fief situé auprès ou dans les environs de Satory.

(2) Il y avait donc d'après cet aveu, un hôtel ou manoir seigneurial à Versailles, dès l'an 1350.

(3) L'année suivante (1351), Guillemin Rigaut tenait en fief dudit Philippot de Sartourry, non plus huit, mais bien treize arpents de bois, sis au tertre Huet.

(4) Bibliothèque de l'Arsenal. *Censier des Célestins*, M$^{ss}$ 3233 p. 133.

terre, 45 arpens de bois, 34 sols de cens ou environ, plus les droits de seigneurie, de champart, dîme, etc.

## Renaudin de Versailles.

### 1360-1370.

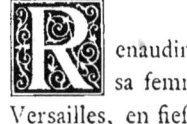enaudin de Versailles et demoiselle Allemande du Bois, sa femme, tenaient en 1360, trois arpents de terre à Versailles, en fief de l'abbaye de Saint-Denis. Nous avons vu qu'en 1250, Gaston du Bois, était seigneur en partie de Versailles, et il est probable que Allemande du Bois était sa fille ou petite-fille.

Dans le même temps, outre Renaudin de Versailles, l'abbaye de Saint-Denis avait à Versailles trois autres hommes de fief. C'étaient : Simon Bouteroue, qui tenait de l'abbaye sept arpents et demi de terre ; (1) Jean de Charmoy tenait de même six arpents de terre, un demi-arpent de pré, trois minots d'avoine, trois oublies, trois chapons et six deniers de cens ; et Jean Bernier, dit Maufilastre, tenait trois arpents de terre, le tout situé au terroir de Versailles. (2)

En 1370, Renaudin de Versailles fait hommage, aveu et dénombrement à ladite abbaye de Saint-Denis, à cause d'un fief sis à Plailly, consistant en sept quartiers de terre, dont cinq à Rougemont, d'un arpent et demi à la Croix d'Hermières, un demi-arpent au chemin de Saint-Laurent, et une masure à Mortefontaine. (3)

---

(1) Les armes de Bouteroue sont : d'or à la bande vairée d'argent et de sable. *(Armorial général de J.-B. Rietstap)*

(2) Archives de Seine-et-Oise. *Aveu général des fiefs de l'abbaye de St-Denis*, T. III, p. 364.

(3) Ibid. T. IV, p. 13.

Comment et par quelles donations, acquisitions ou échanges, l'abbaye de Saint-Denis était-elle en possession de biens à Versailles? Nous l'ignorons complètement, ainsi que la situation de ces biens en ce lieu.

Nous avons pensé longtemps que Renaudin (diminutif du nom Regnaud ou Renaud) était le même personnage que Regnaud Ier de Versailles, mort en 1423, en guerre au service du roi ; mais nous avons reconnu que Renaudin était un personnage à part ; de plus, ce dernier avait épousé Allemande du Bois, tandis que Regnault avait pris pour femme Jehanne de Saint-Jehan ; il n'y a donc pas lieu de les confondre, et les dates auxquelles ils apparaissent dans l'histoire viennent à l'appui de notre dire. Quant à son origine, la situation des fiefs dont Renaudin était en possession nous fait connaître qu'il était fils ou frère de Robert III de Versailles qui, en 1348, rendit aveu à l'abbé de Saint-Denis pour ce même fief de Plailli, dont Renaudin fit aveu à son tour, en 1370.

## Jeanne de Clagny,

### Dame de Versailles, en partie.

#### 1367-1379.

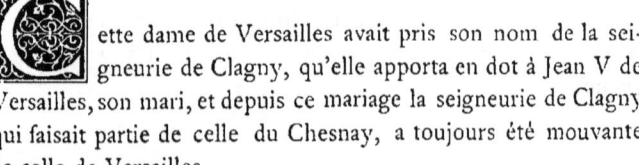ette dame de Versailles avait pris son nom de la seigneurie de Clagny, qu'elle apporta en dot à Jean V de Versailles, son mari, et depuis ce mariage la seigneurie de Clagny qui faisait partie de celle du Chesnay, a toujours été mouvante de celle de Versailles.

Vers le milieu du quatorzième siècle, ladite seigneurie de Versailles relevait, nous ne savons à quel titre, des seigneurs de Sèvres, ce dont font foi les aveux suivants faits en 1374 et 1379, par ladite Jehanne de Clagny et par la famille Rigault ou Rigaut, qui possédait une partie assez considérable de Versailles, au moins dès la seconde moitié du quatorzième siècle.

Le premier aveu est ainsi conçu : « Scachent tuit que je » Jehanne de Clany, dame de Versailles en partie, advoue à » tenir en fief et en homage de noble home Jehan de Sèvre, » escuier, ma terre de Versailles dont les parties s'ensuivent : » Premièrement : tel part come je ay en lostel si come il se » comporte et VIII livres de menus cens ou environ et VI arpens » de terre tenant à la Voirière ; Item, XII arpens de bois à » Haulte-Bruière ; Item, II arpens et demy de bois à Mortemer ; » Item, VIII arpens de bois à la forest ; Item, II arpens de bois » à la pièce sous la forest ; Item, XIII arpens et demy de bois » au champ Nouel ; Item, I arpens et demy à la Sablonnière ; » Item, L arpens de bois au champ de la vigne ; Item, II arpens » et demy d'aunoy en Gasteblé ; Item, XXXVII arpens au Val- » Benoît, de terre au peuple ; En la cousture de Gasteblé VII » arpens de terre ; Item, VII arpens de terre en la cousture de » Mortemer ; Item, VIII arpens de terre en la cousture de dessus » la maladrerie ; Item, à la vieille forge, I arpens et demy et » ung quartier de terre ; Item, II arpens et demy de prés és » guains ; Item, I arpens de pré à la maladrerie, et demy arpens » de pré au bout des guains. »

Ledit aveu et dénombrement scellé du propre séel de Jeanne de Clagny, le 28ᵉ jour de mars 1374.

Ces possessions comprenaient environ 89 arpens de bois, 72 arpens de terre et 4 arpens de pré, 8 livres de menus cens et partie de l'hostel seigneurial de Versailles.

Quelques années plus tard (1379), la mouvance des terres que possédait Jeanne de Clagny relevait de Porchéfontaine, ce qui se voit par l'aveu suivant : « C'est ce que Jehanne de Clany, dame » de Versailles, tieng et advoue à tenir en une foy et un homage » de Monseigneur Pierre de Bournesiau, chevalier (1) : Premiè-

---

(1) Pierre de Bournezel, chevalier, seigneur de Porchéfontaine.

» rement, mon hostel de Versailles avec court et jardin si come
» tout se comporte et VIII livres ou environ de menus cens ;
» Item, II arpens de bois ou environ, au Buffet, tenant à Guil-
» laume de Champignolles et à Jehan Rigaut ; Item, sur le
» champ de la vigne, L arpens de bois ou environ tenant audict
» Champignolles et audict Jehan Rigaut ; Item, à Haulte-Bruière,
» XXIIII arpens de bois ou environ tenant à Margot la Rigaude
» et au prieur de Versailles ; Item, à Gasteblé, II arpens et demy
» d'aunoy ou environ, tenant au prieur et audit Jehan Rigaut ;
» Item, en terres gainables à Val Benoit et au peuple, XXXX ar-
» pens ou environ, tenant audit Jehan Rigaut ; Item, à la cous-
» ture de Gasteblé, VII arpens de terre ou environ, tenant audit
» Jehan Rigaut et à Jehan le Charron ; Item, à la cousture de
» Mortemer, VII arpens de terre ou environ, tenant à Jaqueline
» des Bordes d'une part, et d'aultre part audit Jehan Rigaut ;
» Item, à la cousture de dessus la maladrerie, VIII arpens de
» terre ou environ, tenant à ladicte Jaqueline et audict Jehan
» Rigaut ; Item, à la vieille forge, I arpens et demy de terre ou
» environ, tenant d'une part au curé de Versailles et d'autre à
» Jehan Yvon ; Item, ès-guains II arpens et demy de pré ou en-
» viron ; Item, à la vieille forge, I arpens de pré ou environ,
» Item, au bout des guains, demy arpens de pré qui fut au
» seigneur de Lille ; Item, demy arpens de pré ou environ,
» au Restret de lestant, tenant à Pierre de Chaillouel ; Item, à
» Nouel, VIII septiers d'avoine ou environ ; Item, la moitié de
» la cinquième ou quintaine aveuc la moitié du fié de Glatini.
» Et se plus y a plus en advoue à tenir de mondict seigneur. En
» témoing de ce Je ay séellé ce présent adveu de mon propre
» seel, duquel Je use. Donné l'an de grâce mil CCC.LXXIX, le
» vendredi 19ᵉ jour du mois de aoust (1)

(1) Bibliothèque de l'Arsenal. *Censier des Célestins*, Mˢˢ français du XVᵉ siècle. Nº 3233, ibid.

## Guillaume Rigaut, et ses enfants, Seigneurs de Versailles, en partie.

### 1349-1396.

uillaume Rigaut, seigneur de Versailles, en partie, est dit escuier dans un aveu fait à Gervais de Sèvres, par Philippe de Satory, escuier, en 1349.

Il mourut peu de temps après, car son fils Jehan Rigaut se dit sire de Versailles vers cette époque et très sûrement dès 1350. Il y avait une famille de ce nom et de haute noblesse dans le midi de la France, mais nous ne pouvons affirmer que les seigneurs de Versailles de ce nom, soient les descendants de cette famille.

De son mariage avec N...... Guillaume Rigaut avait eu : 1° Jehan Rigaut ; 2° Margot ou Marguerite ; 3° Jaqueline la Rigaude ; 4° Guillaume ; 5° Perrinet ; 6° et Guillemin Rigaut.

L'aveu suivant donné avant 1350, fait connaître toute l'étendue des possessions que Jehan Rigaut avait à Versailles : « Decy ce
» que Jehan Rigaut, sire de Versailles tient et advoue à tenir de
» Gervaise de Sèvre. Premièrement : ma maison et le jardin ;
» Item, XIII libvres parisis de menus cens de quoy l'on doict au
» chapelain de Vémars, IIII libvres d'aumosne, et V sols au
» prestre de Versailles ; Item, sur XXX masures en la terre au
» prieur sus chacune playne myne d'avoine et si li a cheval ou
» jument en l'année jen ay un septier, et de chacune masure IV
» œubz à Pasques et I pain de II deniers à Noël et esquelles
» XXX mazures je prainz les deux parts en tout ; Item sur
» XXXII masures que jay sus chacune playne mine d'avoine, et
» si li a cheval ou jument en lannée jen ay un septier et IV œubz
» à Pasques et I pain de II deniers au nouël ; Item, je ay suz
» chascune des dictes masures une corvée de home en janvier et

» une de home en mars et une de femme ; Item, les corvées des
» chevaulx qui demeurent suz les dites masures, c'est assavoir ;
» une corvée en yver et une en mars de chevaulx ; Item, les
» ostes qui demeurent sur les dictes masures doivent fener, (1)
» VII arpens de prés ; Item, suz les dicts chastelz je puis prendre
» leurz coustez et leurs coiffins (2), quant il me vient ostes ;
» Item, pour une vache qui est vendue, I denier ; Item pour un
» pourcel, I denier ; Item, pour une brebis, obole ; Item, pour
» une couste, IIII deniers ; Item, pour un coiffin, II deniers ;
» Item, pour une huche, IIII deniers ; Item le forage des vins ;
» Item, du pain que lon vend en ma terre, de chacun hostel,
» III oboles la semaine ; Item, pour un cheval vendu, IIII
» deniers ; Item pour une charrette, IIII deniers ; Item, pour
» une pièce de vin vendue en gros, II deniers ; Item, les amendes
» des choses dessuz dictes, se il nont faict leur debvoir qui sont
» de LX solz ; Item, les ventes, saisines et bénagers, (3) et toute
» justice haulte, méenne (4) et basse en toute ma terre ; Item,
» V droictures et ung quart à Nouël ; Item, II estanz ; Item, une
» maison sus le grant estanc et I arpent de jardin ou environ à
» basse voustée ; Item, XXXVI arpens de bois ou environ à
» Haulte Bruière ; Item, XVI arpens de bois à Mortemer et la
» garenne partout ; Item, XVI arpens de bois à la forest ; Item,
» XXXII arpens de terre ou environ à Mortemer, Item, VIII
» arpens de terre ou environ à Gasteblé ; Item, VII arpens de
» prés ou environ que lon dict les guains ; Item, le fié de Gla-
» tigny, mouvant de moy ; Item, la haulte justice de Glatigny ;
» Item, le fief de Sabrevoiz qui ne me vault que de mener la
» damoiselle de Versailles au moustier quand elle relève ; Item,
» ung verre dun tonnel a bondon par toute la ville et le terrouer

(1) Fancr.
(2) Coustez, coustes — lits de plumes. — Coiffins. Coiffes, chapeaux, chaperons
(3) Aubenage, droit d'aubaine.
(4) Moyenne.

» de la paroisse de Versailles ; Item, la coustume que tous ceulz
» de la paroisse de Versailles excepté Glatigny ont suz les bois de
» mes frères et suers ; c'est assavoir daller querre livez, (1) puis
» quils ont cinq ans passés, et de ces coustumes y nomées me
» sont deuez les avoines dessuz dictes. Et se plus y avoit et de
» plus me pouvoit apercevoir si le tien Je et advoue a tenir de
» Gervaise de Sèvre. » (2)

Les aveux suivants du même Jehan Rigaut sont plus considérables et aussi plus explicites, ils ne s'adressent plus aux seigneurs de Sèvres, mais bien à ceux de Porchéfontaine :

« C'est ce que Jehan Rigaut, seigneur de Versailles, tient et
» advoue a tenir en une foy et homage de M. Pierre de Bru-
» nesiau, chevalier. Premièrement : Mon hostel de Versailles
» avec le jardin si come tout se comporte, VIII livres de menus
» cens environ ; Item, ma garenne de Haulte Bruière ; Item, en
» chacune hostise en ma terre en celle du prieur 4 œfs à Pasques
» et a Nouël 1 pain de II deniers ; Item, pour chacune hostise
» une corvée dhome en janvier et une autre en mars et une de
» feme ; Item, les corvées des chevaulx sus lesdictes masures
» une corvée en yver et une en mars des chevaulx ; Item, les dictes
» masures doivent ceulx qui y demeurent fener VII arpens de
» prés ; Item, sur les diz hostelz je puis prendre leurs coustes et
» leurs coiffins quand il me vient gens ; Item, pour une vache qui
» est vendue en ma terre, I denier ; Item, pour un pourcel, I
» denier ; pour une brebis, obole ; pour une couste, IIII deniers ;
» pour un coiffin, II deniers ; Item, pour une huche, IIII deniers ;
» Item, le forage des vins, pour chacune queue VI pintes ; Item,
» du pain que lon vent en ma terre III oboles la sepmaine ;
» Item, pour un cheval vendu, IIII deniers ; Item, pour une
» charrette vendue, IIII deniers ; Item, pour une pièce de vin
» vendue en gros, II deniers ; Item, les amendes des choses
» dessuz dictes se il ne font leur debvoir qui sont de LX solz ;

---

(1) L'hiver.
(2) Bibliothèque de l'Arsenal. *Censier des Célestins* Mss 32333 fos 125 et 126.

» Item, les ventes, saisines et amendes quand le cas y eschet ;
» Item, l'omaige, (1) et toute justice haulte basse et méenne en
» toute la dicte terre ; Item, ma part de II estans et de la muete;
» Item, demy arpent de jardin compris le grant estant ; Item, I
» tonnelet et un ver a bondon par toute la ville de Versailles ;
» Item, à Nouël sur mes hostes et sur ceulz au prieur un septier
» d'avoine ou environ ; Item, a fossé houst XXXIII arpens de
» bois ou environ, tenant a ma dame de Versailles (2) d'un
» costé, et monsieur Pierre de Burnesiau, d'aultre part, et aux
» champs de la Boulie ; Item ; au Buffet, VI arpens de bois ou
» environ, tenant d'un costé a ceux de la Verrière, d'autre a
» ma dame de Versailles, et d'un bout au pré de Sergolant et
» d'aultre bout à Haulte Bruière ; Item, V arpens ou environ,
» aux Genestes, tenant à Jehan Sauce d'un costé, et au bout du
» chemin de la Sablonnière d'autre ; Item, IIII arpens de bois
» ou environ au dessoubz de la forest, tenant dun costé au dit
» Jehan Sauce, d'autre costé a la forest, d'autre part a Michel le
» Clere, et d'autre a Janequin (3) de Vignay ; Item, V arpens
» ou environ, a Mortemer, tenant au dict Janequin dun bout et
» dun costé et d'autre aux terres de Mortemer, et d'autre bout
» aux bruières Sainct-Jehan ; Item, a Champnouël XXXIII
» arpens de terre ou environ, tenant a Janequin de Vignay d'un
» bout, et d'un costé aux champs de Sabrevoiz, et d'autre a
» Marguerite la Rigaude ; Item, V quartiers de bois ou environ,
» que tient en fié a Sabrevoiz et doict le fié mener la dame au
» moustier quand elle relève denfant, et tiennent les dicts V
» quartiers a Marguerite la Rigaude, d'un costé, etc. ; Item, en
» launay de Gasteblé II arpens et demy daunoy ou environ,
» tenant a madame Jehanne de Versailles et a Jehan Yvon des
» deux costés ; Item, II arpens ou environ, en terres ou aul-
» nois, tenant dun costé a Mahiet Bridel, et d'autre au prieur et

(1) L'hommage.
(2) Jeanne de Clagny, dame de Versailles.
(3) Jacquemin.

» au chemin de la Sablonnière ; Item, ès terres gaignables, a
» la maladrerie, I arpent et demy, ou environ, tenant au chemin
» de la dicte maladrerie, d'autre part a Jehan Ivon et d'autre a
» Bon Enfant (1) et a Guillaume le Bourguignon ; Item, en la
» pièce de la maladrerie VIII arpens ou environ, tenant à Jehan
» Sauce d'un costé et a ma dame de Versailles, d'autre costé
» tenant a la pièce de bois de Mortemer et au dessoubz a la
» pièce de la maladrerie ; Item, a Gasteblé, VII arpens ou
» environ, tenant a Jehan Sauce et aboutissant d'un bout a
» launay de Gasteblé et d'autre costé a ma dame de Versailles,
» et d'un bout au chemin de la Rouge Voie ; Item, en Val
» Benoist XXXVI arpens ou environ de terre, tenant au chemin
» qui va de Versailles à la Boulie, et a ma dame de Versailles,
» d'autre part au bois de Frépillon ; Item, au trou de la Boulie,
» VI arpens ou environ de terre ou aunay, tenant d'un costé
» a fossés liantz et dautre a launoy du Chapitre ; (2) Item, ès
» guains II arpens et demy de prés ou environ, a deux artes,
» tenant a ma dame de Versailles ; Item, demi arpent de pré ou
» environ, tenant au petit estant d'un costé, et dautre aux prés
» neufs ; Item VII arpens de prés a la vieille forge, tenant dun
» costé a Simon Prevost, et a ma dame de Versailles, d'autre ;
» Item, le fié de Glatigny. Et se plus y a plus en advoue a tenir
» de mon dict seigneur. En tesmoing de ce Jay scellé ce présent
» adveu de mon propre seel duquel je vse. Donné lan de grace
» Mil CCCIIII$^{xx}$ le jour Sainct-Loranz. »

Soit par suite d'aliénations ou toutes autres causes, le fief de
Versailles que tenait Jehan Rigaut, vers la fin du quatorzième
siècle allait s'amoindrissant de plus en plus, ainsi que le prouvent
les aveux et dénombrements suivants : « C'est ce que Jehan
» Rigaut, chevalier, seigneur de Versailles, advoue à tenir de

---

(1) Il y avait à Versailles, un fief très ancien appelé le fief Bon-Enfant, sans doute à cause d'un seigneur de ce nom. La rue des Bons-Enfants rappelle ce fief et son emplacement.

(2) Le Chapitre de Notre-Dame de Paris.

» révérend père en Dieu, Messire Symon de Cramaut, a cause
» du fief de Montalain. Premièrement : son hostel de Versailles
» avec le jardin et court ; Item, VII à VIII deniers de cens receus
» le jour Saint-Denys et VIII sextiers davoyne de rente deues à
» Noël ou environ ; Item, sur la terre du prieur de Versailles, III
» sextiers davoyne ou environ de rente deues à Noël ; Item, le
» contenu de la dicte ville et justice ; Item, ung estant contenant
» VIII arpens ; Item, le vieil estant de la Maladerye contenant
» II arpens ou environ, tenant à Messire Philippe ? des Essars
» dune part, et dautre à la Queue Houdre ; Item, IIII arpens de
» pré au terroir de la dicte ville, une garenne assise à Haute
» Bruière, contenant II arpens ; Item, IX arpens de terre en friche au
» Vau Benoist jusques au trou de la Boulie ; Item, VIII arpens en
» la pièce de la maladerye, etc. ; Item, en la forest de Versailles, un
» taillis de XVI arpens ou environ, tenant à Janequin de Vignay
» et dautre à Jacqueline la Rigaude, etc. ; Item, au dessoubz de
» la forest, XIII arpens de bois tenant au Breton de la Breton-
» nière, et dautre à luy à Mortemer et a la Sablonnière, III
» arpens tenant au dict Breton de la Bretonnière, et d'autre au
» prieur de Versailles ; Item, en Gasteblé, II arpens d'Aunoy
» tenant à luy de toutes parts ; Item, ung fief qui tient de luy,
» Messire Philippe des Essars, assis a Glatigny ; Item, ung autre
» fief qui tient de luy Mahiet Bridel, assis a la Verrière. Et sont ces
» choses dessus dictes de mon propre héritage ; Item, la part qui
» fut feu Périnet Rigaut, mon frère, laquelle part jay eu de
» conquest, etc., etc. En tesmoing de ce jay scellé ce présent
» adveu de mon propre séel duquel je vse. Ce fust faict lan de
» grâce Mil CCCIIII<sup>xx</sup> VIII le 2<sup>e</sup> jour de juillet. » (1)

Il est à remarquer que dans cet aveu si le nombre des terres n'est pas encore sensiblement diminué, il n'est plus fait mention des droits sur les hôtes et habitants de Versailles, sur les ventes, les corvées, etc., que l'on voit émunérés tout au long dans les précédents aveux.

---

(1) Bibliothèque de l'Arsenal. *Censier des Célestins.* M<sup>ss</sup> 3233 f<sup>o</sup> 126 et suivants.

Enfin le 2ᵉ jour d'aout 1390, ledit Jehan Rigaut, fait aveu à peu près dans les mêmes termes que dessus, à Pierre de Craon, seigneur de la Ferté-Bernard, de Brunetel, de Rouzay, de Porchéfontaine et de la vallée de Châteaufort.

Jehan Rigaut avait d'autres possessions à Bures, en la châtellenie de Gometz. Le 19 février 1390, par un acte dans lequel il est qualifié de « noble homme messire Jehan Rigaut, chevalier, » seigneur de Versailles, en partie, » il vendit à Angelot Chantre, et à demoiselle Perrenelle, sa femme, « les héritages et les » possessions à lui appartenant de son propre héritage, et l'ostel » ou pourpris appelé Launay, situé lez-Bures, assis en la chastel- » lenie de Gometz. »

Ce domaine avait paraît-il appartenu à feu sire Robert l'Escripvain. Il était mouvant et tenu en fief à une seule foi et hommage de Jehan le Mareschal, demeurant à Meaux. La vente fut faite « pour et parmi le prix et somme de sept vingt et cinq livres » tournois monnaie courante à présent florin d'or à l'escu du » coing du Roy nostre sire, pour vingt-deux sols six deniers tour- » nois la pièce. » Dans cette somme le quint denier entrait pour vingt-cinq livres. (1)

Jehan Rigaut, laissa de N... sa femme entre autres enfants : Messire Guillaume Rigaut, IIIᵉ du nom, comme seigneur de Versailles, qualifié chevalier et seigneur de Montalain, fief très-considérable situé en la ville de Versailles, mouvant et relevant des religieux Célestins. Il mourut vers l'année 1438, laissant ledit fief de Montalain à Marie Rigaude, sa fille, dame de Versailles, en partie, qui ayant épousé Michel de la Tillaye, lui apporta en dot le fief de Montalain. (2)

Les frères et sœurs de Jehan Rigaut, étaient, suivant leurs

---

(1) Lair. *La Seigneurie de Bures*. Mémoires de la Société de l'Histoire de Paris et de l'Ile de France. T. II, p. 237.

(2) Voir en suivant les articles de Michel de la Tillaye et de Marie Rigaude, sa femme.

aveux, détenteurs des possessions suivantes dans la seigneurie de Versailles :

L'an 1350, le lundy de la semaine peneuse, (1) Margot, fille de feu Guillaume Rigot (sic), escuier, avoue tenir a foy et homage de Gervaise de Sèvre, escuier, « les quarante et X arpens de bois » tenant d'une part à Jehan Rigaut et d'autre a Philippot de » Sertoury ; (2) Item, XXII arpens au Buffet, tenant au dict Jehan » Rigaut et au dict Philippot ; Item, XI arpens de boys a la » forest de Versailles, tenant aux mêmes seigneurs ; Item, XX » arpens au champ Nouël, tenant à Gillette de Versailles, dame » de la Granche, et au champ Estiennot de Sabrevois. » Ledit aveu et dénombrement scellé du sceau de Jehan Rigaut, son frère, lequel le luy avoit prêté. (3)

« Damoiselle Jaqueline la Rigaude, jadis fame feu Robert de » la Granche, écuier, » tenoit en fief de « noble homme Gervaize » de Sèvre, escuier, les XII arpens, le fief de Ville Estolle a deux » homages ; le fief au dict Audry Sauce ; Item, V quartiers de » prés à la Sablonnière ; Item, X arpens de bois en la pièce » appelée le Trépied tenant de part et d'autre à Phelippot de » Satoury ; Le bois des prés de XLVII arpens ou environ, » tenant aux champs de la Boulie, et d'autre à Margot, fille de » feu Guillaume Rigaut ; Item, V arpens de bois a la haye de » Yerre tenant à Phelippot de Satoury, et d'autre à Gilles Yvon ; » Item, VI arpens de pré au Val Benoist ; Item, IIII arpens de » prés aux Semances. » Donné sou son scel, l'an 1359, le vendredy après la Conception-Nostre-Dame. (4)

A la même époque (1359), et dès l'an 1350, Guillaume II, Rigaut, écuier, tenait dudit Gervais de Sèvres : « L arpens de » bois appelés la pièce Frépillon ; Item, VI arpens de pré tenant » à l'étang de la maladrerie de Versailles ; Item, V arpens d'au-

---

(1) La semaine sainte.
(2) Satory, près de Versailles.
(3) Bibliothèque de l'Arsenal. *Censier des Célestins* M<sup>ss</sup> 3233, f° 122 v°.
(4) Bibliothèque de l'Arsenal. *Censier des Célestins*. M<sup>ss</sup> 3233, f° 123.

» noy appelé l'Aunoy de Gasteblé, et à la Sablonnière le tiers de
» IIII arpens de bois, et tout en garenne et haute justice. » (1)

Périnet Rigaut, ecuier, avoue tenir du même Gervais de Sèvre, ecuier, seigneur de Blammy : (2) « XXVII arpens et demy
» de bois tenant à Estiennot de Sabrevoiz et à Florant du Val ;
» Item, IIII arpens de bois a la Sablonnière ; tenant à la forest
» de Villa Coublay et d'autre costé au prieur de Versailles. »

Périnet Rigaut étant mort en 1388 (ainsi que nous l'avons dit précédemment), sans laisser de postérité ; Jehan Rigaut, son frère aîné, se mit en possession de son héritage.

Par devant Jean Bonin, prévost de Chasteaufort, « Jacqueline
» la Rigaude, advoue tenir en fief à une seule foy et homaige de
» Messire Pierre de Burnezel, chevalier, à cause de son propre
» héritage, tant en bois, prés, terres, etc. C'est assavoir XXV
» arpens de bois sur le moulin de Launay tenant au champ de
» la Granche, (3) et dautre au dict moulin ; Item, C arpens de
» bois aux Quarreaux, tenant au dict chevalier et dautre à
» Champignolles ; Item, XII arpens de terres et aunoy assis à
» la maladrerie de Versailles, tenant au pré du prieur de Jardies ;
» (4) Item, VI arpens de terre ou environ tenant à ma dame de
» Versailles, et dautre à son cens dit de Haute Bruyère ; Item,
» VI arpens de terre ou environ tenant au champ de la Vigne,
» et dautre aux aulnois de Montreuil ; Item, V quartiers de pré
» au grant étang de la ville de Versailles ; Item, ung arpens de
» pré à Gasteblé tenant au pré à Lanoy de Gasteblé ; Item, IIII
» arpens de terre aux Sensuelles tenant aux terres à Guillaume
» le Bourguignon ; Item, VII arpens de terre au champ de la
» Vigne ; Item, ung fief que tient Jehan Sauce de la dicte
» damoiselle contenant XXIIII arpens de bois assis en la forest
» de Ville Escoublay ; Et sexante arpens de bois ou environ,

---

(1) Bibliothèque de l'Arsenal. *Censier des Célestins.* M<sup>ss</sup> 3233, f° 123.
(2) Blémy, fief de l'ancienne châtellenie de Chevreuse.
(3) La Grange l'Essart, sur la hauteur de Versailles, près de Satory.
(4) Jardies, ancien prieuré, puis ferme, située à Marnes près de Vaucresson.

» tenant au dict Jehan Sauce et à la forest de Haulte Bruière assis
» icelle pièce en la forest de Ville Escoublay. Donné l'an de
» grâce Mil CCCLXXIX, le dimanche 22ᵉ jour de may. » (1)

Devant Angelot Chastre, prévost de Châteaufort, ladicte Jacqueline Rigaut, veufve feu Jehan des Bordes, ecuier, fait aveu à Gervais de Sèvres « pour XL arpens de bois en deux pièces au
» champ Noël tenant à Janequin de Vignay et dautre au bois
» Jehan Rigaut ; et XV arpens de bois ou environ tenant aux
» bois du dict Janequin et à ceux du prieur de Versailles, près
» son estang en la forest de Versailles. Donné lan de grace Mil
» CCCCXXI le lundy 17ᵉ jour de mars. » (2)

Margot ou Marguerite la Rigaude, avoue tenir de Pierre de Bournezel : « XXVII arpens de bois tenant à Jehan Rigaut, dau-
» tre à Laumussier ; Item, en la forest de sèze arpens ou environ
» tenant à la dame de Versailles et dautre aux champs. Donné
» lan de grace Mil CCCLXXXV le jeudy devant Saint-Denys. »(3)

L'an 1351, la veille de la Sainct-Martin d'yver, Guillemin Rigaut, escuier, « avoue tenir de Philippot de Sestoury, (4) un
» arrière fié que Pierre Judas tient au lieu que lon appelle le
» Tertre Huet, tenant d'un costé la demoiselle Dambleville, (5)
» dautre à Monseigneur Jehan de Guyencourt, et contenant la
» dicte pièce XIII arpens de bois environ. » (6)

---

(1) Bibliothèque de l'Arsenal. *Censier des Célestins de Paris*. Mˢˢ français du XVᵉ siècle n° 3233, f° 123.

(2) Ibid. f° 123 v°.

(3) Ibid. f° 124 r°.

(4) Satory. — (5) Amblainville.

(6) Bibliothèque de l'Arsenal. *Censier des Célestins*. Mˢˢ 3233, f° 132.

## Jean VI de Versailles.

### 1374-1438.

ans un aveu rendu en 1374, par Messire Hue d'Oinville, chevalier, seigneur de Morloët, de la chaussée de Châteaufort et du four dudit lieu, par devant Garnier le Cocher, garde de par le Roi en la prévosté de Châteaufort, l'on voit que Messire Jehan de Versailles, chevalier, tenait dudit Hue d'Oinville, « un
» fief assis à Herbouville consistant premièrement en son héber-
» gement de Herbouville et un petit jardin clos a murs ; Item,
» un autre grand jardin contenant deux arpens ; Item, quarante
» solz tournois de menus cens ou environ ; Item, un arpent et
» demy de pré assis dessoubz lostel ; Item, le dit messire che-
» valier tient du dict messire Hue du dict lieu d'Herbouville
» sexante dix arpens de terre en plusieurs pièces avec deux
» arrière fié qui sont tenus du dit messire Hue, dont Jehan
» Chauveau en tient l'un et Millet Quoquille lautre. Ce fut faist
» le samedy vingt sixiesme jour d'aoust 1374. » (1)

Le 14 juing 1378, Marie, dame de Ver, veuve de Jehan de Ver, chevalier, fait aveu à Pierre de Bournezel, pour le même fief que tenait Jehan de Versailles, de Hue d'Oinville ; l'on voit par là que Jehan de Versailles avait abandonné ce fief à cette époque et que la mouvance en était changée. (2) Les arrière-fiefs étaient par-contre tenus par les mêmes censitaires qu'en 1374.

Lors des guerres entre les Bourguignons et les Armagnacs, en l'an 1425, le roi d'Angleterre, Henri VI (qui prenait le titre de roi de France), par un ordre (ou commission) daté de Paris, avait ordonné la démolition du château de Sarry, ce qui ne fut pas

---

(1) Bibliothèque de l'Arsenal. *Censier des Célestins*. M<sup>ss</sup> 3233, f° 141 v°.
(2) Ibid., f° 143 et suivants.

exécuté ; et depuis, le roi Charles VII en confia la garde à Jehan de Versailles.

Par lettres datées du 13 décembre 1438, ce prince en donnant la garde de ce château audit Jehan de Versailles, écuyer, capitaine de Châlons, lui défendit d'y laisser personne, de crainte qu'il ne demeurât le plus fort en icelle place. (1)

## Janequin de Vignay, seigneur de Versailles, en partie, et de La Grange l'Essart.

### 1370-1396.

anequin ou Jacquemin de Vignay parait descendre d'une famille établie aux environs de Paris, où elle tenait un rang remarquable.

Nous croyons pouvoir rattacher ce seigneur de Versailles à Jean de Vignay, chevalier, qui, en l'an 1235, donne des lettres par lesquelles il déclare avoir vendu à Messieurs les Religieux de Saint-Denis, tout le droit qu'il avait en un fief qui « estoit tenu de luy » en la ville de Montgeroult, et qui à cette époque était en la possession de Jean Malet, bourgeois de Paris. Lequel fief ledit Jean de Vignay, tenait desdits religieux. (2)

Dans les aveux précédents, fournis par la famille Rigaut, nous avons vu que dès la moitié du XIV<sup>e</sup> siècle, Janequin de Vignay avait déjà des biens assez considérables à Versailles, qu'il accrut encore par la suite, de manière qu'à la fin dudit siècle, il pouvait à bon droit se qualifier de seigneur de Versailles en partie. En 1396, il rendit aux religieux Célestins « la foy et l'hommaige, » et leur fit l'aveu suivant : « Scachent tuit que Je Jannequin de

---

(1) Barbat. *Histoire de la ville de Châlons*.
(2) Archives de Seine-et-Oise. *Extraits des Titres de Saint-Denis*. f° 237 r°.

» Vignay, escuier, Confesse et advoue à tenir à une seule foy et
» homage des Religieux, prieur et couvent de l'ordre des Céles-
» tins, à Paris, à cause de leur fief de Montalain les choses qui
» ensuivent : Premièrement, lostel, court, coulombier, jardin et
» appartenances de la Granche, assis au dessus de la ville de
» Versailles se come tout se comporte ; Item, six vins arpens
» de terres gaignables assis au dessous d'icelle ville de Versailles ;
» Item, environ VIII livres de menus cens portant rentes, saisines
» et amendes en et sur plusieurs héritages assis en laditte ville et
» au terrouer de Versailles, paiés au jour Sainct-Remy ; Item,
» environ VIII sextiers davoine deus à Noël pour les coustumes
» que les habitans d'icelle ville de Versailles pronnet sur les boys
» a moy appartenant ; Item, environ II arpens de pré assis au
» dessoubz de l'estant d'icelle ville de Versailles, qui se sèment à
» semence ; Item, IIII œfs que me doivent chacuns de mes
» hostes d'icelle ville le lundy de Pasques, et le tiers de ceulx
» que doivent les hostes du dict prieur du dit lieu ; Item, une
» pièce de bois appelée le champ Noël contenant XX et V arpens ;
» Item, une aultre pièce appelée la grant Nogent, contenant
» XXXII arpens et III quarts ; Item, une autre pièce appelée la
» Queue de Champ Noël contenant environ XVI arpens ; Item,
» une autre pièce appelée la fosse de Mortemer, contenant XV
» arpens et demy ; Et ny prennent aucune coustume les diz
» habitans ; Item, une autre pièce appelée la pièce du Moustier,
» contenant VI arpens ; Item, une autre pièce appelée la petite
» Nogent, contenant XIIII arpens ; Item, une autre pièce appe-
» lée le Trépié, contenant X arpens ; Item, une autre pièce és
» plaines Saint-Jehan contenant C arpens que bois que bruyières ;
» Item, une autre pièce appelée le Genetay contenant II arpens ;
» Item, une autre pièce appelée Légue, contenant II arpens ;
» Item, les fiefs et arrière-fiefs qui s'ensuivent : C'est assavoir,
» un fief que tient Jehan Chappelle, demeurant à Paris, assis à
» Champ Noël ; Item, un autre fief assis à Sergolant, qui fu
» Girart de Montbéliart, que je tiens par deffault dome ; Item,
» un autre fief de plusieurs terres assis entre ladite Granche et

» Sergolent, qui fu Jehan le Saunier, bourgeois de Paris, que
» je tiens par deffault dome ; Item, un autre fief qui fu à la
» damoiselle de Balisy ; Item, toute la justice, haute moyenne
» et basse qui me puet appartenir à cause de mon dit hostel de
» la Granche. C'est assavoir ès diz hostel, terres, bois, et ville
» de Versailles. Et se plus y a plus advoue à tenir à une seule
» foy et homage des diz Religieux prieur et couvent. En
» tesmoing de ce, jay scellé ce présent adveu de mon propre seel,
» le XXVII<sup>e</sup> jour d'avril l'an Mil CCCIIII<sup>xx</sup> et seize. » (1)

L'on voit par ce qui précède que Janequin de Vignay possédait à La Granche l'Essart et au terroir de Versailles, 287 arpens, un quartier, tant terres que bois et prés, sans y compter les terres comprises dans les fiefs et arrière-fiefs de Champ-Noël, Sergolant et autres, dont la contenance n'est pas indiquée dans ledit aveu. Si l'on compare ce que possédait en même temps la famille Rigault, à Versailles et aux environs, ce que possédaient le prieur de Saint-Julien, les seigneurs du nom de Versailles, et les autres seigneurs du voisinage ; l'on se demande ce qui pouvait rester aux habitants en bien propre ; assurément fort peu de chose, ce qui ne les exemptait pas de la dîme ou autres impositions et droits arbitraires et vexatoires. Quant aux défauts d'hommes dont il est parlé dans ledit aveu, cela s'explique facilement en raison de l'époque néfaste et malheureuse où il fut fait.

## REGNAULT I<sup>er</sup> DE VERSAILLES.

### 1393-1423.

egnault de Versailles tenait, en 1393, un fief à Vémars, mouvant de Baudoin de Flixecourt, dont ce dernier fit aveu à Robert de Versailles, son beau-frère.

(1) Bibliothèque de l'Arsenal. *Censier des Célestins.* M<sup>ss</sup> 3233. f<sup>os</sup> 130-131.

Le 9 mars 1407, le prévost de Paris, condamna ledit Regnault de Versailles comme ayant cause de Pierre Petit, à garantir Jean de Louvres (en Parisis,) orfèvre et bourgeois de Paris, envers maistre Gilles de Grigni pour une rente de cent sols parisis constituée à feu Jean Maugier et à sa femme remariée audit maistre Gilles. Par suite, Regnault, n'ayant pas pris le fait et cause de Jean de Louvres, ses biens de Vémars, de Plailli et de Montméliant, furent saisis, et le prévost de Paris donna congé de décret à son adversaire. (1)

Nous sommes portés à croire que Regnault de Versailles était fils de Robert III de Versailles qui avait un fief à Plailli, en 1351, et que Robert IV et Jean de Versailles, écuyers, et Pierre de Versailles, religieux de Saint-Denis, qui vivaient dans le même temps étaient les frères dudit Regnault. Ce dernier était mort en 1423. Il avait épousé Jehanne de Saint-Jehan, dont il eut : Marguerite de Versailles, et très vraisemblablement : Regnault II de Versailles.

Dans des lettres de rémission données par le roi Charles VII, en 1423, en faveur de Jacqueline Paynel, dame de Chantilly et vicomtesse de Breteuil, veuve de Jehan de Fayel, chevalier, vicomte de Breteuil, pour ce que le chastel de Chantilly avait esté tenu en l'obéissance des ennemis du roi, et depuis jusques à six semaines environ, par son amé et féal Jacques Paynel, seigneur d'Orlande, chambellan du duc de Bourgogne, etc... Parmi les personnes qui se trouvaient renfermées pour leur sûreté personnelle audit château de Chantilly, sont nommées : Jehan de Villers, escuyer, et sa femme ; Jehanne de Saint-Jehan, veufve de feu Regnault de Versailles, et Marguerite de Versailles, sa fille, et nombre d'autres gens de condition et d'artisans, parmi lesquels

---

(1) Gustave Faguiez. *Recherches sur Vémars.* Mémoires de la Société de l'Histoire de Paris et de l'Ile-de-France. T. II. p. 86.

un charpentier, et des serviteurs et serviteresses (sic) de ladite dame de Chantilly. (1)

## Robinet ou Robert IV de Versailles, Écuyer, Échanson du Roi.

### 1402-1421.

n 1402, Robert de Versailles est dit écuyer, seigneur de Versailles. Il est nommé Robert et d'autres fois Robinet. Pour nous ces deux noms s'appliquent évidemment au même personnage.

Le 15 mai 1405, Robert, qui servait dans l'armée du Roi, reçoit vingt-cinq livres pour ses gages du mois d'avril, sur la pension de trois cents francs que lui faisait le Roi. Trois ans après (1408), il est qualifié échanson du Roi, et paraît la même année dans une montre d'hommes d'armes avec Jehan de Surgères et autres seigneurs. Dans un acte de l'an 1412, il prend le titre de capitaine du château de Coutances. Il donna depuis quittance de ses gages jusqu'en 1413. A cette date il n'exerçait plus les fonctions de capitaine châtelain de Crèvecœur, en Brie, auxquelles le Roi l'avait appelé. (2)

En 1421, Robinet de Versailles, tenant le parti du dauphin avec Hervé et Jean de Dourdan et autres seigneurs, fut tué en une bataille, près d'Abbeville, par les Bourguignons, avec Gailliaut d'Arsy, Robert du Pont et autres. (3)

---

(1) En 1421, Messire Regnault de St-Jehan, frère ? ou parent, de Jehanne, dame de Versailles, était capitaine de Boissi, pour le roi Charles VII. Flammermont, *Senlis pendant la deuxième partie de la guerre de Cent ans*.

Mémoires de la Société de l'Histoire de Paris et de l'Ile-de-France. T. V., p. 279 et suivantes.

(2) J. B. de Ste-James-Gaucourt. *Versailles, Seigneurie, Domaine, Ville, etc. Essai historique*, p. 58.

(3) *Chroniques de Monstrelet*.

Robert de Versailles, avait pour frère : Jean de Joigny, ce qui nous apprend que sa mère s'était remariée, et avait pris alliance dans la maison de Joigny. (1)

## Pierre de Versailles, Évêque de Meaux.

### 1414-1446.

L'abbé Lebeuf cite le savant docteur Pierre de Versailles, parmi les seigneurs de Versailles, mais pas plus qu'aucun de ceux des auteurs qui ont parlé ou écrit sur les seigneurs de ce lieu, il ne donne de détails sur la filiation et la parenté de Pierre de Versailles. Sans vouloir trancher une question qui n'est intéressante qu'au point de vue des faits de ce personnage et non à son importance généalogique, nous pensons en l'absence des documents qui puissent dissiper l'obscurité qui ne règne que trop sur sa généalogie comme sur celle des seigneurs de ce nom, qu'il était frère cadet? de Robert ou Robinet de Versailles, et nous pouvons, sur ce point, nous appuyer sur l'auteur qui a écrit les lignes suivantes : « Robert de Versailles avait un autre frère
» nommé Pierre qui fut aussi l'un des bons serviteurs du roi
» Charles VI, quoique dans des fonctions tout opposées. Il fut
» d'abord religieux en l'abbaye de Saint-Denis, docteur de Sor-
» bonne et professeur de théologie. Ami de Gerson, et l'un des
» esprits les plus distingués de son temps ; il fut avec Jean
» Jouvenel opposé au cordelier Petit, qui avait osé faire l'apologie
» de l'assassinat de Louis, duc d'Orléans, ordonné par le duc de

---

(1) Peut-être, Jehan de Joigny avait-il pris son nom de la seigneurie de Joigny, ou d'un fief de ce nom ? Les armes de Robert de Versailles, sont : d'azur à 6 besants d'argent 3, 2 et 1, au chef d'or, chargé d'un lion naissant ou issant de gueules. Supports : Deux lions accroupis, un de chaque côté de l'écu. Cimier : Un lion issant sur un heaume de chevalier.

» Bourgogne. Il écrivit à ce sujet une lettre fort belle à Jean
» Jouvenel, dans laquelle il raconte et blâme les désordres et les
» crimes de ces temps malheureux. » (1)

En 1414, il fut envoyé au concile de Constance, en Allemagne, avec le titre d'ambassadeur du roi de France. Dans toute la chrétienté l'on avait choisi les prélats les plus éminents de chaque province, les clercs les plus savants de toutes les universités pour les envoyer au concile, afin que grâce au concours de leurs lumières, les matières qui devaient y être traitées le fussent avec plus de sagesse. Le duc de Bavière, frère de la reine Isabeau, l'évêque de Carcassonne, l'archidiacre de Notre-Dame de Paris, et frère Pierre de Versailles, religieux de Saint-Denis, furent chargés de représenter le Roi au concile. L'évêque d'Évreux et frère Benoît Gentien, savant docteur en théologie, s'y rendirent au nom de l'Université.

Le dimanche 28 octobre 1414, le Pape fit son entrée solennelle dans la ville de Constance, et ouvrit la première session par une messe pontificale célébrée dans la cathédrale, le jour de la Toussaint. Nous n'avons pas ici à faire l'histoire des différentes sessions de ce concile, nous dirons seulement que le pape Jean XXIII, sur quelques soupçons qu'il eut de ce qui allait s'ensuivre, se retira furtivement du concile et se mit sous la protection du duc d'Autriche dans les États duquel il se réfugia. Cela jeta naturellement un certain désarroi dans les affaires du concile, qui, assemblé pour condamner les erreurs de Jean Huss et de Jean Wiclef, les condamna effectivement, mais de plus procéda à la déposition du Pape.

A l'ouverture de la quatrième session de cette assemblée, le 18 avril 1415, Pierre de Versailles n'est pas cité parmi les envoyés du roi de France qui étaient alors : Thibaud, archevêque de Besançon ; Guillaume, évêque d'Évreux ; Jean, évêque de Genève et Benoît Gentien, docteur en théologie et

---

(1) Dussieux. *Histoire du Château de Versailles.* T. 1er, p. 5.

religieux de Saint-Denis. Le 4 mai suivant eu lieu l'ouverture de la sixième session présidée par l'evêque d'Ostie, où les quatre nations française, anglaise, italienne et allemande s'y trouvèrent représentées par un grand nombre de personnages, parmi lesquels on remarquait : l'Empereur d'Allemagne, roi des Romains avec une grande partie de la noblesse allemande, et pour la nation française furent présents : Jean, patriarche d'Antioche ; Gérard, évêque de Chartres ; Jean, évêque de Genève ; Vital, évêque de Toulon ; Martin, évêque d'Arras ; Thibaud, archevêque de Besançon ; Jean, archevêque de Vienne ; Jean, évêque de Vaison ; Guillaume de Beauneveu, professeur de théologie ; Adam, de Cambrai ; Jourdain Morin, ambassadeur du roi de France ; Benoit Gentien, professeur de théologie et moine de Saint-Denis ; Jean de Villeneuve, docteur en décrets ; Jacques de Spars, docteur en médecine ; Simon Pinard, maître ès-arts ; Pierre de Versailles, professeur de théologie, moine de Saint-Denis, ambassadeur du roi de France ; Gauthier le Gros, prieur du couvent de Rhodes ; Simon, abbé de Jumièges ; Robert, abbé de Saint-Laurent-sur-Loire, et Pierre Cauchon, ambassadeur du duc de Bourgogne.

Enfin, le mardi 14 mai 1415, en l'assemblée générale tenue dans la cathédrale de Constance et à laquelle assista Pierre de Versailles, le pape Jean fut déposé en la cinquième année de son pontificat, comme ayant mal administré les affaires de l'Église et autres griefs énumérés au long dans les actes de ce concile. (1)

Antérieurement à ce concile, Pierre de Versailles n'avait pas toujours été dans les intérêts du Roi, et cela, par suite de ce qu'il était du parti d'Orléans contre les Bourguignons. (2) Quoique

---

(1) *Chroniques de Charles VI par le religieux de Saint-Denis.* T. V, p. 439 à 621.

(2) Voici ce que raconte le moine de Saint-Denis à ce sujet :

Au mois de juin 1412, pendant le siège de Dun-le-Roi par l'armée royale, le roi de France avait envoyé en Angleterre, un fameux écuyer breton nommé Carmin, avec mission de s'informer, s'il le pouvait, des dispositions du monarque anglais au sujet de la guerre qui désolait le royaume. Cet écuyer vint annoncer

cela, par la suite et en raison de sa science et de ses services au concile de Constance, il parvint aux dignités de l'Eglise : en 1432, il était évêque de Digne et fut nommé en 1439, évêque de Meaux, sous le nom de Pierre VI, de Versailles il occupa cet évêché pendant sept ans et mourut en l'an 1446. (1)

## Regnault II de Versailles.

### 1432-1433.

egnault de Versailles avait pris parti pour le roi Charles VII contre les Armagnacs, et leur fit principalement la guerre en Picardie et aux environs de l'Ile-de-France.

Au mois de février 1432, les gens du roi Charles, au nombre de quatre-vingt combattants ou environ, lesquels conduisait un noble chevalier nommé Messire Regnault de Versailles, et les avait pris à Beauvais, à Breteuil, et autres lieux à l'environ, allèrent passer l'eau de Somme en un petit batel assez près de Péquigny, et de là furent conduits et menés jusqu'au châtel de

---

que ledit prince avait décidé en son conseil que le duc de Lancastre, son second fils, irait porter secours aux seigneurs que l'armée royale avait attaqués. Le prince de Galles, fils aîné du Roi, dit-il, a essayé pendant plusieurs jours d'empêcher le départ de son frère, mais sur les représentations de son père, il a changé d'avis. Hâtez-vous donc, Monseigneur, de mettre en exécution votre entreprise, car l'armée anglaise est réunie, la flotte est prête et va mettre à la voile pour la France. Il ajouta qu'il avait trouvé en Angleterre, un religieux de Saint-Denys, nommé Pierre de Versailles et un moine Augustin, frère Jacques-le-Grand, doués tous deux d'une éloquence persuasive, qui poussaient le Roi à cette expédition en ne cessant de la lui représenter comme raisonnable et légitime Le moine ajoute : Je ne pus entendre ce rapport sans honte et sans confusion, je craignais que le Roi n'en prît occasion pour traiter moins favorablement l'abbaye.

(*Chroniques du religieux de Saint-Denis*. T. IV. Livre XXXII, p. 659).

(1) Ludovic Lalanne. *Dictionnaire historique de la France*. Dans la liste des évêques de Digne, se voit Pierre III de Verceil (ou de Versailes) (1433-1439).

Dommart, en Ponthieu, lequel, sans qu'ils fussent du guet aperçus, ils prirent d'échelles et entrèrent dedans. Si commencèrent tantôt à crier : *Forteresse gagnée !* et abattre huis et fenêtres en plusieurs lieux.

Auquel cri et noise s'éveillèrent ceux de léans, et par spécial Jacques de Craon, seigneur d'icelui lieu, qui étoit couché en sa chambre auprès de sa femme, se leva soudainement, cuidant mettre aucun remède à son fait, mais ce, rien ne lui valut, car ses ennemis étaient trop forts, et ses gens dont il n'avait mie grandement ne se pouvoient mettre ensemble. Si fut tantost pris prisonnier et aucuns des siens avec lui, et les autres au mieux qu'ils purent se sauvèrent par dessus la muraille.

Après ladite prise les dessusdits Français assemblèrent tous les biens portatifs qu'ils purent trouver dedans icelui châtel, comme vaisselle, or et argent, pennes, draps, linges et autres besognes, lesquels quand ils furent en hâte un peu repus, troussèrent et chargèrent tout, et se mirent à voie à tout leurs prisonniers pour retourner au passage par où ils étaient venus délaissant ledit châtel tout entier ainsi qu'ils l'avaient trouvé.

Et entre temps, ceux de la ville de Dommart, oyant cet effroi et cette noise s'assemblèrent et envoyèrent hâtivement à Péquigny et en aucuns autres lieux signifier cette besogne. Si ne demeura point grandement que les dessus dits ne se trouvèrent en nombre de deux cents ou environ, de toute manière de gens, lesquels suivirent bien roidement et en grand'hâte iceux Français et les accouvirent au passage de l'eau, où déjà étoit passé messire Regnault et aucuns autres de ses gens avec lui et le dessus dit Jacques de Craon, prisonnier ; si les assaillirent et les déconfirent présentement, et y en eut une partie prisonniers et les autres morts, et aucuns qui se noyèrent à saillir la rivière de Somme. Et icelui messire Regnault atout son prisonnier s'en alla à Beauvais, franchement, sans trouver aucun destourbir, ni empêchement et depuis le dit prisonnier retourna, en payant très-grande somme de pécune.

Au commencement de l'année 1433, messire Louis de Vaucourt

(1), et messire Regnault de Versailles, tenant le parti du roi Charles, accompagnés de trois cents combattants ou environ prirent à un point du jour la ville de Saint-Valery-en-Ponthieu, par échelles, laquelle ville de par le duc de Bourgogne, était au gouvernement de Jean de Brimeu, et si y furent faits de grands maux par iceux Français, selon les coustumes de la guerre, comme en ville conquise.

Par le moyen de laquelle prise furent les pays de là environ en très-grand doute, et non point sans cause, car brefs jours ensuivants iceux Français se fortifièrent de gens puissamment et commencèrent à courir et faire forte guerre aux pays qui se tenaient du parti des Anglais et des Bourguignons ; lesquels pays où la greigneur (2) partie s'allièrent à eux dont ils reçurent grande finance.

Au mois de juillet suivant, Pierre de Luxembourg, comte de Saint-Pol, accompagné du seigneur de Villeby, anglais, et douze cents combattants des deux nations, mit le siège tout à l'environ de la ville de Saint-Valery dedans laquelle étaient de par le roi Charles, messire Louis de Vaucourt, Philippe de la Tour et messire Regnault de Versailles, atout trois cents combattants.

Si irent de rechef dresser contre les portes et murailles aucuns engins pour les grever. Et après que ledit siège eut duré par l'espace de trois semaines, les dessus dicts chevaliers assiégés firent traité avec Robert de Saveuse ; à ce commis de par le dit comte de Saint-Pol, par tel si qu'ils devaient avoir certaine somme de denier et emporter tous leurs biens et aussi emmener tous leurs prisonniers, et avecque ce eurent jour de partir de la dite ville, en cas que les dits assiégeants ne seraient combattus de ceux de leur parti. Auquel jour ne comparût homme tenant leur parti, et par ainsi se départirent de là, et s'en allèrent à Beauvais, sous bon sauf conduit, et de là, bref ensuivant les dessus dits, messire Louis et messire Regnault, furent rencontrés d'un nommé le

---

(1) Louis de Gaucourt.
(2) La plus grande.

petit Rolant, tenant leur parti : lequel, pour aucune haine particulière, sur le chemin de Senlis leur courut sus avec ses gens qu'il avait amenés à Chantilly, et en conclusion, les conquit et détroussa, et mêmement y fut pris le dit messire Regnault de Versailles.

Et après le dessus dit comte de Saint-Pol, refournit de ses gens la dite ville de Saint-Valery, et la bailla en garde à messire Robert de Saveuse. (1)

Notre chroniqueur s'arrête ici quant aux faits de guerre de Regnault de Versailles, et ne nous donne plus d'autres détails sur ce chevalier.

Nous trouvons ailleurs que Regnault de Versailles mourut des suites d'une blessure qu'il reçut dans les circonstances suivantes : Les sièges de Lagny et de Crespy (en 1432), firent le plus grand mal à la ville de Senlis et aux pays voisins ; car les gens d'armes couraient le pays et pour vivre le mettaient au pillage. Ces brigands commettaient les plus grands excès et nul seigneur n'y mettait empêchement, au contraire, les capitaines se souciaient peu de mettre fin à ce pillage, car leurs hommes n'avaient autre chose pour vivre que ce qu'ils volaient. En outre les seigneurs étaient fort divisés et les haines particulières se donnaient libre carrière ; on ne craignait ni Dieu, ni l'Église, ni la justice du Roi. (2) Ainsi, Louis de Gaucourt et Rigaud de Versailles, (3) contraints de rendre Saint-Valery aux Bourguignons, revenaient à Senlis, quand, sur leur chemin, un capitaine nommé le petit Roland, qui était leur ennemi, les attaqua avec des gens d'armes qu'il avait amenés de Chantilly ; il leur prit tout ce qu'ils avaient, et Rigaud de Versailles fut blessé si gravement, qu'il en mourut. (4)

---

(1) *Chroniques de Monstrelet*, p. 656-657-670-675.

(2) *Journal d'un bourgeois de Paris* (Edition de la Barre), p. 153.

(3) Lisez Regnault de Versailles D'après ce que nous avons pu établir sur la famille Rigaut de Versailles, il est aisé de voir qu'aucuns de cette famille n'ont pris part aux expéditions dont il est fait mention dans Monstrelet.

(4) Flammermont. *Senlis pendant la seconde partie de la guerre de Cent ans*. Mémoires de la Société de l'Histoire de Paris et de l'Ile-de-France. T. V., p. 253-254.

## Jean VII de Versailles.

### 1453-1464

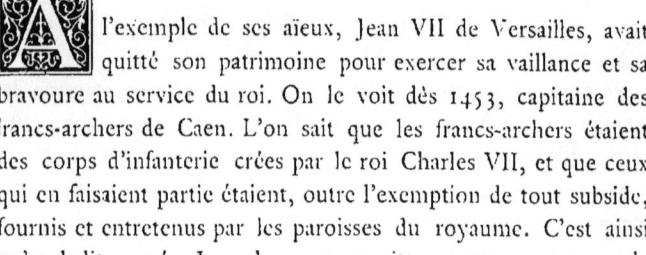l'exemple de ses aïeux, Jean VII de Versailles, avait quitté son patrimoine pour exercer sa vaillance et sa bravoure au service du roi. On le voit dès 1453, capitaine des francs-archers de Caen. L'on sait que les francs-archers étaient des corps d'infanterie créés par le roi Charles VII, et que ceux qui en faisaient partie étaient, outre l'exemption de tout subside, fournis et entretenus par les paroisses du royaume. C'est ainsi qu'en ladite année, Jean donne une quittance pour ses gages de capitaine.

Le 10 juillet audit an, il donne une autre quittance en cette qualité pour une expédition particulière qu'il avait faite. Voici le texte de cet acte : « Je, Jehan de Versailles, escuyer, capitaine » des francs-archers ès élections de Caen, Lisieux, Vire et Mor- » tain, confesse avoir reçu de Jehan Piquet la somme de 35 livres, » (1) pour chevaulcher dung quartier dans autre, en témoin de » quoi, j'ai le présent signé de ma main et scellé de mon scel, à » Caen le X juillet MCCCC cinquante trois. J. de Versailles. »

Cette chevauchée faite par Jehan était sans doute une de ces grandes patrouilles que nécessitaient quelques bandes d'Anglais qui restaient éparpillées dans la Normandie.

En effet, après la bataille de Formignies et la prise de Cherbourg, leur départ n'avait pu s'effectuer aussi rapidement qu'elles l'eussent voulu, et il s'était établi en Normandie des bandes de brigands de toutes nations, derniers débris des armées et qui troublaient la tranquillité. C'est pour cela que le Roi avait laissé six cents lances, et un nombre suffisant d'archers pour les contenir.

(1) Environ 202 francs de notre monnaie actuelle.

En 1458, ledit Jean de Versailles certifie en qualité de lieutenant du châtelain de Caen que les travaux de réparations du château de Caen ont été bien et duement exécutés conformément au devis ; ce certificat délivré au sieur Bureau est signé de lui et scellé. (1)

Deux ans après, le 7 novembre 1460, Jean de Versailles exerçait encore la charge de lieutenant du capitaine de Caen. Ladite année il rendit une ordonnance ayant pour but une mesure de police. Cette ordonnance commence ainsi : « Jehan de Versailles, » escuyer, seigneur dudit lieu, au nom de haut et puissant » seigneur Messire de Torcy, salut, fait sçavoir, etc. » (2)

En l'année 1464, une saisie fut faite par ordre dudit Jean de Versailles, écuier, seigneur du Tillay, lieutenant général des eaux et forêts au bailliage de Vermandois, concernant les pâtures dont jouissaient les habitants de : Thiencourt, Canectancourt, Evricourt, Mondescourt, Suzoy-Grandru, Apilly, Haudricourt, Buchoire, Larbroye, Dives, Lassigny, Rouvrel et Béthancourt-ès-Armentières. (3)

Le 14 mars 1470 (*n. s.*) le prévôt de Paris accorde une contrainte contre Jean de Versailles, pour deux années d'arrérages d'une rente de vingt livres tournois par lui constituée à messire

---

(1) Le sceau en cire rouge pendant sur simple queue, a pour type un lion issant en chef, et au dessous sept billettes (ou besants) posés 3, 3 et 1, et porte pour légende : Johannes de Versailles. Les armes de Jehan de Versailles, sont : d'azur, 7 besants d'argent posés 3,3 et 1 ; au chef d'or, chargé d'un lion issant ou naissant, de gueules. (Gustave Faguiez *Recherches sur Vémars*).

(2) Jean d'Estouteville, sire de Torcy, fut un des hommes qui contribuèrent le plus à chasser les Anglais de la Normandie. Il était grand maître des arbalétriers depuis 1449, par conséquent chef direct de Jean de Versailles. Il fut aussi prévôt de Paris et capitaine du château de Caen. En 1479, il fut créé chevalier de Saint-Michel.

(Le père Anselme. T. VIII, p 87. Bibliothèque nationale. *Archives Joursanvaux*. Normandie. N° 1588. J.-B. de Sainte-James Gaucourt. *Versailles, Seigneurie. Domaine et Ville, etc...* p. 67 et suivantes. Bibliothèque nationale. M$^{ss}$ n° 112.)

(3) Inventaire sommaire des Archives de l'Oise. G. 1909. *Chapitre de Noyon*, p. 302.

Guillaume Colombel, sur son fief de Louvres, sa maison des Fossés, au Tillai, et sur un moulin voisin de la dite maison. (1)

En 1478, Jean de Versailles était remplacé dans sa charge de lieutenant-général des eaux et forêts au bailliage de Vermandois, par Thomas de Montfort, écuier, maître d'hôtel du roi ; ce qui nous porte à croire que Jean était mort à cette date. Avec Jean VII s'éteignit la famille qui avait porté pendant plus de quatre cents ans, le nom de Versailles, avec honneur et dignité. (2)

## Michel de la Tillaye.

### 1437-1453.

Vers 1420, les héritages de Jean de la Haye, dit Piquet, et de Jeanne Dupuis, sa femme, sis à Meudon, La Bourselière et le Plessis-Raoul, (3) furent donnés à maître Michel de la Tillaye et Jaquin Langlois, pour trois ans, et ensuite donnés à nouveau par le Roi, le 25 septembre 1423, à Guillaume de Dangueil, (4) escuyer. En 1421, ces biens avaient été confisqués sur lesdits Michel et Jaquin, mais, d'après ce qui précède, il est à croire qu'ils étaient rentrés en possession desdits biens jusqu'en 1423.

Michel de la Tillaye s'étant enfui ou absenté de la ville de Paris et par la suite du temps, s'étant rendu ennemi du Roi, vers le mois de septembre 1429, tous les héritages qui lui avaient été donnés comme confisqués, furent saisis et donnés à maître

---

(1) Gustave Faguiez *Recherches sur Vémars.*
(2) Dans l'un des sceaux armoriés de Jean VII se voit pour tenant une femme habillée en nonc.
(3) Aujourd'hui le Plessis-Piquet, village auprès de Sceaux.
(4) Sauval, *Antiquités de Paris.* T. III, p. 277.

Raoul Pasquier, notaire et secrétaire du Roi, par lettres du 25 septembre de ladite année. (1)

Il est certain que Michel de la Tillaye rentra en grâce quelque temps après, et que dans cet intervalle il était devenu par son mariage, seigneur de Versailles, en partie, d'après ce qui suit :

Maître Michel de la Tillaye, notaire et secrétaire du Roi, fait aveu aux religieux Célestins, en 1437, à cause de sa femme, Marie Rigaude, dame de Versailles, en partie, comme héritière par bénéfice d'inventaire de feu messire Guillaume Rigaut de Versailles, en son vivant chevalier, son père, à cause de leur fief de Montalain. Ledit fief tenu à hommage à une seule fois aux religieuses personnes, les prieur et couvent des Célestins, et consistant en masures d'une maison qui jadis fut « noutable », (2) ensemble : cour, granche, estables et jardins comme il s'étend de toutes parts en ladite ville de Versailles, plus 16 arpents de terre, et autres terres, bois et prés en quantité, énoncés dans un aveu fort long et peu intéressant quant aux détails. Michel de la Tillaye était mort en 1453, époque à laquelle Marie Rigaude ou la Rigaude, devenue veuve, se disait dame de Versailles.

Dans le terrier ou censier des Célestins, le sieur de la Tillaye est nommé Guillaume, dans l'aveu que nous avons cité. Sauval, mieux informé, dans le peu qu'il rapporte sur ce seigneur de Versailles, le nomme Michel. Quoi qu'il en soit, à propos de ces deux noms qui en somme pouvaient lui appartenir, Guillaume ou Michel de la Tillaye est bien le seul personnage qui ait épousé Marie Rigaude, et qui à cause de ce mariage, se disait seigneur de Versailles.

---

(1) Ibid , p. 327 et 586.
(2) Notable. Le fief de Montalain était le plus important des fiefs qui composaient alors la seigneurie de Versailles, au temps où la famille Rigaud le possédait.

## Marie Rigaud, dame de Versailles.
## Yves et Jehanne de la Tillaye, ses enfants.

### 1453-1506.

u milieu du XVe siècle, le relief et la mouvance de la seigneurie de Versailles appartenaient aux religieux Célestins de Paris, et c'étaient à ces religieux qu'étaient dus l'hommage, l'aveu et dénombrement rendus primitivement à l'évêque de Paris.

Le 10 avril 1453 (*a. s.*) Marie Rigaud ou la Rigaude, dame de Versailles, veuve de maître Michel de la Tillaye, fait aveu aux Célestins de Porchéfontaine, pour sa terre de Versailles. Entre autres mentions, l'on voit dans cet aveu qu'il y avait (à Versailles), une place ou étoit autrefois un moulin à vent et prévoyant le cas où il serait rétabli il y était dit que « s'il y étoit qu'il y eust mou-
» lin, tous les habitants de la ville de Versailles y seroient ban-
» niers et ne pourroient aller mouldre aultre part : » L'on y voit de plus les mentions suivantes : « 7 arpens de bois à la Sablon-
» nière, tenant d'une part à Messire Jehan de la Bretonnière,
» chevalier, et doibvent au prieur de Versailles ; Pour une masure
» et appartenances qui fut Clément Thiercelin, tenant d'une part
» aux ayans cause de Jehan Bonenfant, VI deniers de cens.
» Laquelle masure est en sa main pour faute de cens non payé ;
» La dime de Glatigny et de Clagny qui valent deux muids par
» an ; la justice de Glatigny ; Les fiefs tenus de Glatigny relevant
» comme arrière-fiefs de la terre de Versailles. Et premièrement :
» Le fief de Clagny que souloit tenir la femme et les héritiers de
» Guillaume de Vitry, et depuis fut maistre Jehan Dauvet ; Le
» fief que tient Etienne Bost, assis à Courbevoye ; (1) Un fief à
» Fontenay (le Fleury) qui fut Pierre Chailliau, etc. » (2)

---

(1) La seigneurie de Courbevoie relevait très anciennement de Glatigny.
(2) Archives nationales. *Fonds des Célestins* S 3819, f° IIIIxx-VIII.

La même année, Marie Rigaude n'épargne pas les reproches à Jehan Dauvet pour son inexactitude à rendre ses devoirs aux seigneurs de Glatigny et de Versailles, ses suzerains. Mais ce procureur du Roi au Parlement, n'y semble pas très sensible, car ce n'est que trois ans plus tard qu'il s'acquitte enfin envers cette dame de ses obligations féodales.

Le 23 novembre 1457, Marie Rigaude donne à Jehan Dauvet et à sa femme, un reçu de la somme de trente écus d'or, à laquelle se montaient les droits de relief et les autres profits féodaux dus à raison du fief de Clagny. (1)

Marie Rigaude était morte vers l'an 1460. Elle eut de son mariage 1° Yves de la Tillaye, avocat du Roi au Châtelet en 1492, qui, ayant épousé Marie de Longuejoue, mourut en 1493. (2) 2° et Jeanne de la Tillaye, qui lui succédèrent dans la seigneurie de Versailles.

Le 21 octobre 1493, maistre Guillaume de la Haye, Conseiller du Roi et Président en sa Cour de Parlement et aux Requêtes du Palais, seigneur de Versailles, à cause de noble damoiselle Jehanne de la Tillaye, sa femme, fait aveu, foi et hommage à Révérend Père, frère Jehan Robert, prieur des Célestins, tant à cause de ce qui lui appartient qu'à cause de ce qui appartenait à feu noble homme et saige maistre Yves de la Tillaye, (3) frère de Jehanne, à la coutume du Vexin, à cause de quatre arpents nommés les quatre arpents de Montalin, et généralement de tous les fiefs tenus à cause des susdits au terroir et seigneurie de Versailles, etc. Ledit aveu passé en la maison des Célestins à Paris, le jour et an que dessus.

---

(1) P. Bonnassieur. *Le château de Clagny et M*$^{me}$ *de Montespan*, p. 8 et 14. Archives nationales. *Fonds des Célestins. Registre terrier.* S. 3819 f° 64. P. 2253²

(2) Maître Yves de la Tillaye, naguère advocat du Roi au Châtelet, pour ses gages depuis la Saint-Jehan-Baptiste 1493, jusqu'au 17 novembre ensuivant jour de son trespas (Sauval). *Antiquités de Paris.* III. p. 505 et 591.

(3) Suivant cet aveu, Sauval, se serait trompé, et la date du décès du sieur de la Tillaye serait antérieure au 21 octobre 1493, à moins qu'il n'y ait erreur de date dans ledit aveu, ce qu'il est fort difficile de rétablir.

En 1506, Jacques d'Estouteville, seigneur de Beynes et de Blainville, etc., prévost de Paris, donne acte de l'aveu des héritiers de Jehanne de la Tillaye, à leur requête. Ces héritiers étaient : Philippe et Jehan le Maignen, écuyers ; Guillaume de Soisy, aussi écuyer, seigneur dudit lieu, en son nom et comme procureur de Jehan Colas, clerc des guerres du roi, seigneur de Versailles, et Marguerite de Soisy, sa femme, à cause d'elle, et Jehan de Gency, le Jeune, écuyer, comme représentant feue Marguerite de Soisy, sa mère. Étant notaires du roi Pierre Pichon, l'aisné et Pierre Pichon, le jeune, pour l'aveu des dits cités ès noms ; et encore : Jehan de Gency, l'aisné et demoiselle Jehanne le Maignen, sa femme, tous héritiers par égale portion à la succession de la dite Jehanne de la Tillaye, en son vivant femme de noble homme et saige maistre Guillaume de la Haye, (1) Conseiller du roi, etc. Guillaume de Soisy est dit dans cet acte porter la foi pour eux tous héritiers de la terre et seigneurie de Versailles. Ce fut fait le samedi 5 septembre 1506.

Pour comprendre toute l'importance de cet aveu il est bon de savoir qu'après le décès de Jehanne de la Tillaye, il y avait eu main-mise sur la seigneurie de Versailles par les Célestins, tout en attendant que les héritiers vinssent à leur tour en demander la main-levée, ce qui eut lieu à la suite de l'aveu et hommage fait, comme il est dit précédemment. (2)

---

(1) Les armes de Guillaume de la Haye, sont : d'azur, à la bande d'or, chargée de 3 tréfles de gueules. Suivant F. Blanchard, Guillaume de la Haye aurait épousé Michelle Dauvet, fille de Jean Dauvet, premier président au Parlement de Paris, et seigneur de Clagny. (F. Blanchard ; *Les Présidents à mortier au Parlement de Paris*, p. 116).

(2) Archives nationales. *Fonds des Célestins*. S. 3819.

## Jehan de Vignay.

### 1464.

Jehan de Vignay, chevalier, seigneur en partie de la ville et seigneurie de Versailles, au Vau de Galie (sic), par suite du décès de son père, fait un acte en forme de supplique aux Célestins de Paris, dans lequel il est dit : « *que le pays où est assis le dit fief (de Versailles), est moult dépopulé à cause de la guerre et que le prieur des Célestins l'ayant mis en demeure de lui fournir son aveu sous quarante jours, sous les peines accoutumées* », il lui répond qu'il ne pouvait le lui donner, et requérant souffrir le vouloir aider de la copie du vieil aveu que la dite église des Célestins avait de son fief. Ce que ledit prieur lui accorda de le faire quérir et lui en aider, se trouver le pouvoit, etc. Ledit acte passé par devant le prévost de Paris, en date du vendredi 29 mai 1464, et muni du sceau de la prévôté. (1)

Jehan de Vignay devait être le petit-fils de Janequin de Vignay, seigneur en partie de Versailles, dès 1370 : et cette hypothèse s'appuie d'abord sur la distance extrême des dates, et ensuite sur ce que la succession de la famille de Vignay, comme seigneurs de Versailles, paraît régulièrement et héréditairement établie au Val de Galie, dès la moitié du quatorzième siècle.

Il est regrettable que le nom du père de Jehan de Vignay ne se trouve pas mentionné dans le manuscrit où nous avons puisé les détails relatifs à cette famille. (2)

---

(1) Archives nationales. *Fonds des Célestins.* S. 3819.
(2) Ibid.

## Antoine de Vignay.

### 1497.

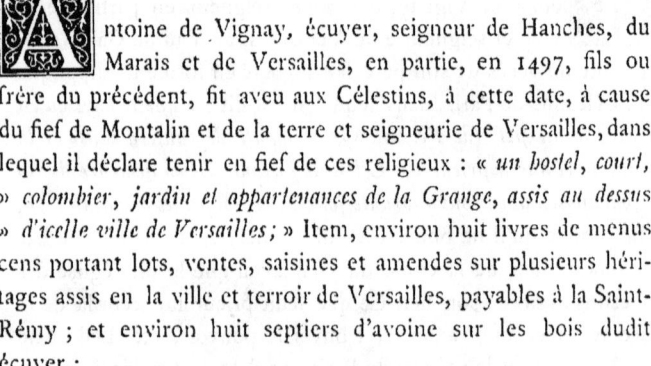ntoine de Vignay, écuyer, seigneur de Hanches, du Marais et de Versailles, en partie, en 1497, fils ou frère du précédent, fit aveu aux Célestins, à cette date, à cause du fief de Montalin et de la terre et seigneurie de Versailles, dans lequel il déclare tenir en fief de ces religieux : « *un hostel, court,* » *colombier, jardin et appartenances de la Grange, assis au dessus* » *d'icelle ville de Versailles;* » Item, environ huit livres de menus cens portant lots, ventes, saisines et amendes sur plusieurs héritages assis en la ville et terroir de Versailles, payables à la Saint-Rémy ; et environ huit septiers d'avoine sur les bois dudit écuyer ;

Item, environ deux arpens de pré, assis auprès de l'étang de Versailles ;

Au dessous du dit étang, quantité de pièces de bois tenant entre-autres à Philippe des Essarts et à Denis de Guiencourt, dont une pièce de cent arpens, une autre pièce de trente-deux arpens ou environ, et pour le tout deux cents arpens de terre et bois ;

Et la justice haute, moyenne et basse de ces terres à cause de son hostel de la Grange. (1)

---

(1) La Grange L'Essart. Archives nationales. *Fonds des Célestins* S 3819, f° 109. Les armes de Vigney ou Vignay, sont : d'argent, à deux fasces de gueules surmontées de trois merlettes du même, rangées en chef. (Bibliothèque de Versailles, *Armorial de Jean Boisseau*).

## N..... DE COLATE.

### FIN DU XVᵉ SIÈCLE.

Ce seigneur de Versailles ne nous est connu que par sa fille, Madeleine de Colate, qui épousa Guillaume de Garges, fils de Pierre, seigneur de Garges, Taverny et Piseau, capitaine de Chantilly ; et de Marie de Saint-Benoist, sœur puînée de la femme de son frère. (1)

De ce mariage vinrent : 1º Marie, morte jeune, 2º et Madeleine de Garges, dame du Colombier, mariée avec dispense, à Jean le Caron (2), seigneur de Damery et d'Aulchy, son cousin. (3)

## JEAN COLAS.

### 1500-1510.

Jean Colas était contrôleur des gardes du roi, clerc, puis contrôleur des guerres, et seigneur de Versailles en partie, en l'an 1500. Il mourut en 1510, ayant épousé Marguerite de Soissy (4) qui le suivit dans la tombe en 1521.

Ils furent enterrés tous deux dans la chapelle de la communion

---

(1) Les armes de Saint-Benoit sont : de gueules, à la bande échiquetée d'argent et d'azur, accompagnée de deux lions d'or.

(2) Les armes de Le Caron sont : d'azur, à 3 besants d'or posés 2 et 1, au chef dentelé d'or. (J.-B. Riestap. Armorial général.)

(3) Moréri. *Grand dictionnaire historique.*

(4) Soisy ou Choisy-aux-Bœufs, et non pas Foissy, comme on l'a écrit d'après l'épitaphe qui porte un nom assurément erroné.

en l'église Saint-Paul, à Paris, (1) où leur épitaphe se voyait avec leurs armoiries. Sur la pierre on avait gravé ce qui suit : « *Cy gist noble home Jean Colas en son vivant seigneur de Versailles en partie de Fontenaye* (2) *controlleur des guerres du Roy nostre sire, qui trespassa le 5ᵉ jour de septembre en l'an 1510.* »

« *Et aussy noble femme Marguerite de Foissy, vivante, femme dudit feu maitre Jean Colas, dame desdits Versailles et Fontenaye, laquelle trespassa le 14ᵉ jour du mois de janvier en l'an 1521. Priez Dieu pour son âme.* » (3)

C'est tout ce que l'on sait, ou à peu près, sur ce seigneur de Versailles, qui n'est guère connu que par son épitaphe, et qui, sans cela, serait très vraisemblablement passé inaperçu dans la longue nomenclature des seigneurs de Versailles.

## Jean Poart (ou Poilart).

### 1510-1515.

près la mort de Jean Colas, et sans doute par acquisition, Jean Poart ou Poilart se disait, en 1510, seigneur de Versailles, en partie, et de la Grange L'Essart. Il prit part à la rédaction de la coutume de Paris, en 1510, et c'est dans le procès-verbal de cette rédaction que son nom se trouve mentionné. Il est probable que Nicolas Poart, licencié en lois, conseiller du Roy et chambrier lay de l'église de Paris, mort le

---

(1) Bibliothèque de l'Arsenal. *Épitaphier de Paris* (in-4°). T. VI, p. 150.

(2) Fontenay-le-Fleury.

(3) Les armes de Jean Colas sont : d'argent, au chevron d'azur, accompagné de trois aiglettes de sable membrées et becquées de gueules ; celles de Foissy ou de Soisy sont : de gueules, au sautoir d'argent cantonné de quatre lionceaux d'or, suivant ladite épitaphe. Reistap donne pour armes à la famille de Foissy : d'azur, au cygne d'argent becqué de gueules et membré de sable.

1ᵉʳ janvier 1498, avait quelque lien de parenté avec Jean Poart. Peut-être ce dernier était-il son fils ? (1)

## JEHAN DE SOISY, JEAN DE GENCY ET MARGUERITE DE SOISY.

### 1515.

Nous avons vu précédemment que lors du décès de Jehanne de la Tillaye, dame de Versailles, ses héritiers étaient notamment de la famille des seigneurs de Soisy (Choisy-aux-Bœufs). C'est ainsi que Jean Colas, par sa femme Marguerite de Soisy, était devenu seigneur de Versailles, en partie, et que Jehan de Gency, par sa mère Marguerite de Soisy, partageait avec Guillaume de Soisy, Philippe et Jehan le Maignen, et Jehan de Gency l'aîné, le reste de la seigneurie de Versailles, sauf ce que Jean Poart avait audit lieu et surtout à la Grange l'Essart ; et encore pour ce qui est de Versailles, il serait très admissible que ce qu'il y possédait, il l'avait eu par acquisition du sieur Le Maignen et de Jean de Gency l'aîné. Ce qui vient à l'appui de cette version est un aveu et réception d'aveu par les Célestins au sceau et contrat du bailliage, fait par Jehan de Soisy, écuyer, fils aîné et ayant droit de Guillaume de Soisy, son père, écuyer ; et où sont cités maître Pierre Aulbry, avocat au Châtelet de Paris, comme ayant droit de Jehan de Gency, écuyer, et de Marguerite de Soisy, veuve de Jehan Colas, seigneurs et dame

---

(1) Nicolas Poart fut inhumé en l'église de Saint-Pierre-aux-Bœufs, en la Cité, à Paris. La tombe de ce conseiller du Roi consistait en une pierre de liais, et se voyait vis-à-vis de l'œuvre. Ses armes étaient : parti d'argent et de gueules, à la croix ancrée de l'un en l'autre. (Bibliothèque de l'Arsenal, *Épitaphier de Paris*. T. IV (in-4°), p. 314). Jean Boisseau donne à la famille Poart les armoiries suivantes : d'argent, à l'aigle éployée de sable, à l'orle de huit trèfles de sinople.

chacun pour tierce part du fief, terre et seigneurie de Versailles. Dans cet aveu, Jehan de Soisy est reçu pour eux tous, en la foi et hommage, aveu et dénombrement rendu aux Célestins, pour ce que lesdits sieurs et dames avaient en leur possession à Montalin, Porchéfontaine et Versailles.

Jehan et Marguerite de Soisy, par cet acte, consentent à l'aveu et hommage et à tous les droits que les Célestins avaient sur leurs biens et prérogatives. Cet aveu est daté du lundi 5 novembre 1515.

Le même jour, Jehan de Soisy, écuyer, etc., maître Pierre Julien, advocat au Parlement de Paris, ayant droit de Jean de Gency, aussi écuyer, et Marguerite de Soisy, veuve de Jean Colas, seigneurs et dame chacun pour un tiers de la seigneurie de Versailles, font un accord avec les Célestins au sujet du tabellioné de Versailles ; entre autres conventions et clauses il est dit notamment dans cet accord que « les appellans du bailly de Versailles ressortiront devant le bailly des Célestins en plein droit, et les seigneurs de Versailles devront aussi y comparaître eux et leurs successeurs, soit que le bailly des Célestins les assigne sur leurs biens de Montalin, Versailles ou Porchéfontaine », etc...... ce qu'ils jurèrent observer par la foi de leurs corps.

Mais cet accord était loin d'être parfait, car il donna lieu à des procès qui durèrent environ neuf ans, et ne se terminèrent que vers 1524. (1)

En 1533, Versailles, petite bourgade entourée de bois, ayant un château seigneurial, était le siège d'une prévôté. A cette époque, Richard Rénond était prévost, et ce lieu relevait de la justice de Montalain et Monstreul qui appartenait aux Célestins de Paris, comme propriétaires de Porchéfontaine. Ces Célestins envoyaient de temps à autre leur bailly, qui était conseiller au Châtelet, pour connaître en appel des sentences rendues par les prévosts des différentes justices. Le 27 juillet même année (1533)

---

(1) Archives nationales. *Fonds des Célestins*, registre S. 3819.

le conseiller Pié-de-Fer vint ouvrir des assises à Versailles, et rendit diverses sentences. (1)

## Philippe Colas.

### 1544-1560.

Philippe Colas, fils ou parent de Jean Colas, fut seigneur en partie de Versailles dès la première moitié du seizième siècle. Des difficultés survenues par suite de la succession de Jehan de Soisy furent la cause de la vente d'une partie de la seigneurie de Versailles, faite au Châtelet de Paris, le samedy 25 octobre 1544, et dans laquelle le nom de Philippe Colas se trouve très souvent rapporté. La désignation des héritages mis en vente est ainsi rédigée : « Maître Jacques Naudry, procureur
» au Châtelet de Paris, authorisé, met à prix les héritages cy
» après déclarez faisant le tiers de la moitié d'un tiers de la terre
» et seigneurie de Versailles. C'est assavoir le tiers dont les troys
» font le tout des terres, fiefs, justices et seigneuries, cens,
» redevances, droits seigneuriaux, appartenances et dépendances,
» ainsi qu'ils se comportent pour le regard d'un tiers d'icelles
» terres et terroirs appartenances et dépendances d'icelles. Item
» aussy le tiers des aulnays appartenances des terres, prez, boys
» dont ladite terre était rachetable tous les droits de rente soit
» des rentes ou prinses que ladite Marie de Soisy a ou peut
» avoir ès estangs de ladite seigneurie de Versailles. C'est
» assavoir le grand estang de Versailles estant audit lieu conte-
» nant ledit estang 18 arpens environ, tenant d'une part à

---

(1) Archives nationales. Parchemins originaux. Z 24.609. La famille Pied-de-Fer possédait la terre et seigneurie de Guyencourt, et portait pour armes : échiqueté d'or et d'azur, à la bordure de gueules.

» Philippe Colas, d'autre au chemin venant de Neauphle et dudit
» estang allant de Versailles à la Grange l'Essart; Item, un autre
» nommé l'Estang des Bruyéres contenant 10 arpens aboutissant
» d'un bout sur le chemin de Satoriz à Paris et à Plaisir et d'autre
» à divers particuliers ; Item en l'Estang des Marest oudit terroir
» contenant environ 10 arpens aboutissant de toutes parts audit
» Philippe Colas; » « Item, la tierce partie et portion par indivis
» des terres, prez, boys et autres héritages et rentes cy après
» déclairez. C'est assavoir deux pièces de pré appelez les prés
» des Guains contenant deux arpens 18 perches qui sont appar-
» tenants aux enfants dudit de Soisy ; un arpent 9 perches qui est
» la moitié, tenant d'une part aux prés du prieur de Versailles,
» d'autre aboutissant à la ruelle dudit prieur et à d'autres parti-
» culiers ; Item, un arpent et demi de pré en une pièce de trois
» arpens assis près le dit de Guains et d'autre part vis à vis et d'au-
» tre aux prés de l'église de Versailles et au pré dit le Guain dudit
» seigneur de Soisy, d'autre à Philippe Colas et d'un bout à
» ladite ruelle des Guains ; » « Item, trois quartiers et demi de
» pré ou environ assis ès vieilz prés prins en une pièce de sept
» quartiers, tenant au bout derrière le pré des jardins, d'autre aux
» terres de Philippe Colas et aboutissant d'un bout à Jehan
» Quatre Hommes ; » « Item, deux pièces de pré contenant demi-
» arpent et demi quartier des maretz de la malladrye prins en
» une pièce de cinq quartiers, tenant d'un bout aux hoirs de
» Jehan Maistre, d'autre audit Colas ; » « Item, deux pièces de
» pré contenant un quartier et demi assis à la queue du Grand
» Estang, prins en trois quartiers, tenant d'un bout audit Colas,
» etc. » « Item, deux autres pièces contenant demi arpent vingt
» perches tant pastures que terres prinses en un arpent quatre
» perches tenant au pré de l'église, d'autre à Philippe Colas,
» d'autre à la Saussaye, d'autre au chemin de Versailles à la
» Granche et d'autre aux vieilz préz du prieur de Versailles ; »
« Item deux pièces de terre contenant arpent et demi assis au
» terroir de Versailles devant la maison de la Tillaye ou la
» Tuillaye ? près des ailes des vieilz prez faisant la moitié de 3

» arpents et un quartier de terre tenant auxdits Philippe Colas et
» de Soisy et aboutissant à plusieurs particuliers ; » « Item, un
» arpent et demi et 33 perches de terre joignant la pièce pré-
» cédente, faisant la moitié de 3 arpens et demi 7 perches,
» aboutissant audit sieur prieur et à d'autres particuliers et aux
» vieilz prez desdits Colas et de Soisy ; » « Item, 3 arpens et demi
» et 18 perches et demie faisant moitié de 7 arpens et demi qui
» aboutissent sur les maretz dudit sieur de Soisy et d'autre audit
» Colas ; Item, 3 quartiers et demi 6 perches un quart de terre..
» ... assis... ou il y a un poirier prins en 7 quartiers et demi,
» tenant d'un bout audit Colas, d'autre aux héritiers feu
» Petit Jehan, d'autre aux prez qui appartiennent à l'hostellerie
» ou pend pour enseigne l'image de Notre-Dame de Versailles et
» aboutissant au grand chemin tendant audit lieu ; » « Item, 4
» arpens 18 perches de terre assis à Gastebled, faisant moitié de
» 8 arpens 36 perches prins et tendant au grand chemin des
» Dames, d'autre audit Colas, aboutissant d'un bout à la Croix-
» Rouge, d'autre aux susdites terres ; » « Item, demi arpent demi
» quartier 6 perches et demie faisant moitié de 5 quartiers et
» demi assis aux Bruyères, tenant d'un bout audit Colas, d'autre
» à Philippe Vannier, aboutissant sur ledit chemin et d'autre à
» Mathias David ; » « Item, un demi quartier une perche de terre
» joignant la petite garenne sur les prez, faisant la moitié d'un
» quartier 2 perches de terre, tenant d'un costé audit Colas,
» d'autre ausdit bailleur, aboutissant d'un bout à la petite
» garenne, d'autre à Jehan Barbe ; » « Item, 1 arpent 30 perches
» de terre joignant le prez de l'église de Versailles, prins en deux
» arpens, tenant d'un bout audit Colas, d'autre à Jehan le Maire,
» d'autre au pré du Moustier, etc. ; » « Item, 1 arpent et quartier
» et demi de prez, faisant moitié de 2 arpens 3 quartiers prins du
» costé de derrière Clany, tenant d'un bout aux ci-devant terres,
» d'autre bout audit Colas, d'autres aux Plancheptz ? » « Item,
» 3 quartiers de terre faisant la moitié d'un arpent et demi assis
» au terroir de Versailles, tenant d'un costé audit Colas, d'un
» bout au prieur, d'autre à Jehan Quatre Hommes. » « Item, 3

» quartiers 6 perches et demi assis à la Croix de Clany, faisant
» moitié d'un arpent et demi et demi quartier tenant audit Colas,
» d'autre aux terres de Clany; » « Item, 5 quartiers un quart de
» terre assis à la fontaine de Charlotte, faisant moitié de 2 arpents
» 3 quartiers et 3 pièces, tenant audit Colas, à Jehan Quatre
» Hommes et autres ; » « Item, un demi arpent tant terres que
» bruyères, assis à la Haute Bruyère, prinses en 2 arpens et demi,
» tenant audit Colas, aboutissant aux bois des Célestins et d'autre
» à Jehan Gasteau ; » « Item, un quartier et demi de bois prins
» de la petite garenne assis à Versailles sur le grand chemin de
» Versailles à Paris, tenant d'un costé audit Colas et d'autre à
» Philippe Vannier, d'un bout sur le grand chemin, d'autre au
» pré de Guillaume Rasflot ; » « Item, de la moytié de 3 arpens
» de bois ou environ, assis à Versailles près la Chesnelaye, d'un
» bout tenant audit Colas, d'autres audit Pouart (1), etc. » « Item,
» 2 autres pièces de bois taillis près d'iceluy contenant environ
» 2 arpens et demi dont en appartient aux enfants dudit Jehan de
» Soisy la moitié, tenant d'un bout audit Colas, etc ; » « Item,
» la moitié d'un tiers de 10 septiers de blé que doit chacun an
» Jehan Gaulde mis en avant sur un moulin à vent qu'il tient
» assis audit Versailles et fournir chacun an, et tout les droits que
» ledit de Fresnoy et sa femme, à cause d'elle, ont et peuvent
» avoir audit moulin et en la pièce de terre sur laquelle il est
» assis, et qu'ils ont en une pièce de terre contenant 5 quartiers
» près et joignant ledit moulin, tenant d'une part ledit moulin,
» d'autre ledit prieur de Versailles, d'autre à ladite pièce de 5
» quartiers et lesdits 5 quartiers tenant aux hoirs Paul Maillard,
» d'autre audit moulin, un petit chemin entre deux aboutissant
» audit prieur. » « Lesdites portions dessusdites appartenant à
» René de Fleury et damoiselle Marie de Soisy, sa femme, sont
» saisiz et mis en main royale à la requeste du sieur Germain
» Ribours, advocat au Parlement, à la charge des droits seigneu-
» riaux, despens, frais, mises et despens et de la somme de 300

(1) Jean Poart, seigneur de Versailles.

» livres tournois pour une fois à qui il appartiendra. » Suit les enchéres au nombre de dix par plusieurs, et adjudication au sieur Naudry, moyennant 700 livres tournois. (1)

Philippe Colas, avait épousé Marie Besin, qui mourut en 1547, après avoir fait le testament suivant : « In nomine Domini,
» amen. Marie Besin, femme de noble home Philippe Colas,
» escuier, seigneur de Versailles, estans malade de son corps et
» saine de son esprit, faict et ordonne son testament ainsi qui
» censuit et premiérement recommande son âme à Dieu à la
» benoiste vierge Marie à Monseigneur St-Michel l'ange à Mon-
» seigneur St-Jullien, son pateron et a toute la court du paradis
» et eslit sa sépulture au simetière Saincts Innocents à Paris au
» plus près de ses amys. Item veult audit iour V services com-
» plez. C'est assavoir ung en l'église de Versailles, auquel lieu
» sera dict Vigilles et Recommandances et treze messes dont
» troys haultes et le reste basses ; Item, le segond à St-Josse, à
» Paris. Et veult que son corps y soit porté. Item, le tiers soit
» faict troys services à Sainct Innocent après sa sépulture ; Item,
» elle donne à l'église de Versailles XX s. p. (2) pour estre aux
» prières d'icelles et veult et ordonne qui soit donné a chacun
» service aulx pauvres XX s. t. (3) et que chacun pauvre appar-
» tient VI deniers tant que ladite somme de XX s. t. se pourra
» estandre ; Item, donne au vicaire du dict Versailles accompa-
» gné de douze prêtres et deux clercs por la conviés jusques
» dehors de la terre du dict Versailles la somme de XLVI s. t.,
» Item, veult audit, douzaine et demy de torches pesant cha-
» cune torche une livre pour servir a ses dicts services et a
» chacun service quatre livres de sire en pointes ; Item, elle
» donne a l'hostel Dieu de Paris XX s. t ; à l'Ave Maria XX s. t ;
» Item, aux Enfants Rouges XX s. t. Item, elle donne à Marie
» fille de Girard Lome, la somme de LX s. t. Item, elle donne

(1) Archives nationales V 3272. *Saisies réelles au Châtelet de Paris.*
(2) s. p. sols parisis.
(3) s. t. sols tournois.

» à Claude chambrière de Pierre Sologne, son gendre la somme
» de XXX s. t. moiennant quelle fasse bien. Et donnés (à) ledit
» Sologne jusques quelle soit en age et quelle ayt trouvé son
» party ainsi quil apartient a une fille bonne et sans scandale ; »

« Item, la dicte testatrice eslit por ses exécuteurs noble homme
» Philippe Colas escuyer et seigneur de Versailles mary de la
» dicte testatrice et Pierre Sologne, son gendre, et M<sup>e</sup> Nicolle
» frère du dict Sologne por accomplir son présent testament
» acroistre si bon leur semble et non diminuer. »

« Faict et passé en présence de M<sup>e</sup> Jehan Deschamps, Sébas-
» tien de la Marche et Constant Chandelier tesmoings le lundy
» XII<sup>e</sup> de septembre en l'an VCXLVII. » (1)

Dans deux actes datés des 27 février et 31 décembre 1560, Philippe Colas, est qualifié, escuyer, seigneur de Versailles et seigneur de tous droits de haute, moyenne et basse justice en cette seigneurie. Ces deux actes sont des contrats de ventes de terres situées à Glatigny. (2)

## Martial de Loménie.

### 1561-1572.

artial de Loménie était Conseiller et Secrétaire des finances du roi Charles IX et seigneur de Versailles, dès l'an 1561.

Il devait posséder cette seigneurie en partie, et en même temps que la famille de Soisy qui prenait aussi le titre de seigneur

---

(1) Archives de Seine-et-Oise. G. *Testaments de St-Julien de Versailles*. (1543 à 1612) f<sup>o</sup> 12.

(2) J.-B. de Ste-James Gaucourt. *Versailles, seigneurie, domaine et ville. Essai historique*. p. 109.

de Versailles, et que nous retrouverons plus loin. (1) Il eut quelques différends avec les Célestins de Paris au sujet des terres de Versailles et de la Grange l'Essart. Par arrêt du 30 juillet 1571, rendu en sa faveur, il fut jugé que, par suite de la main-mise sur ces terres, Martial de Loménie, ayant fait les offres suffisantes comme vassal depuis la saisie ou main-mise desdites terres, les Célestins étaient condamnés à rendre les fruits ou revenus de l'année courante, et pour l'avenir en fut déchargé et main-levée à lui faite en payant toutefois ou en consignant la somme par lui offerte, tant pour les droits seigneuriaux, que pour les fruits de la dite année jusqu'à l'entière liquidation desdits fruits. (2)

Le 24 août 1572. Martial de Loménie, fut massacré comme huguenot. Pierre de l'Estoile donne ainsi le sujet de sa mort : « *En ce temps, la bonne dame Catherine (de Médicis), en faveur de son mignon de Retz qui voulait avoir la terre de Versailles, fit étrangler aux prisons, Loménie, auquel la dite terre appartenait et en fit encore mourir quelques autres pour récompenser ses serviteurs de confiscation.* » (3)

Suivant quelques auteurs, Martial de Loménie aurait vendu la terre de Versailles en 1571. Comment expliquer alors ce que dit Pierre de l'Estoile avec raison et aussi l'acquisition faite en 1573 ou 1575 de cette seigneurie aux enfants de Martial ? Le fait de la mort violente de ce seigneur, n'explique que trop bien les convoitises du favori de Catherine de Médecis, du florentin que les historiens ont flétri à juste titre.

Martial de Loménie fut d'abord, comme nous l'avons dit, Secrétaire des finances, puis Greffier du Conseil. Il avait épousé Jacqueline Pinault, de laquelle il eut entre autres enfants : Antoine de Loménie, seigneur de Versailles, en partie, qui suit.

---

(1) Suivant M. Dussieux, ce serait les demoiselles de Soisy qui auraient vendu la seigneurie de Versailles et la Grange Lessart sa dépendance à Martial de Loménie, en 1561. (Dussieux. *Histoire du Château de Versailles* I, p 5 )
(2) Coutume de Paris, f° 28.
(3) Pierre de Lestoile. *Journal d'Henri III*. T. I, p 59.

## Antoine de Loménie.

### 1572-1575.

A la mort de son père, Antoine de Loménie n'avait que douze ans, ce fut Jacqueline Pinault, sa mère, qui eut la tutelle de ses enfants mineurs, conjointement avec François de Loménie, nommé tuteur et curateur desdits enfants mineurs, à la date du 18 mars 1573.

L'on ne sait rien de la vie de cette dame de Versailles, pas plus que l'époque de sa mort.

Antoine de Loménie, vit adjuger le 19 février 1575, la terre et seigneurie de Versailles qui faisait partie de son héritage, à Albert de Gondy, Maréchal de Retz, moyennant la somme de 35,000 livres. Dans cette vente, Antoine de Loménie s'était réservé le titre de seigneur de Versailles qu'il portait encore en 1610. Il fut l'un des meilleurs serviteurs du roi Henri IV dont il avait suivi le parti. En 1591, il fut fait prisonnier par les Ligueurs et conduit à Pontoise ; il y servit activement les intérêts de son prince en entamant des conférences et en suivant des négociations avec Villeroy, gouverneur de cette place ; il obtint bientôt la reddition de Pontoise et la soumission du Vexin. Antoine qui avait ainsi concouru au rétablissement de l'autorité légitime, vit croître à juste titre sa faveur auprès du Roi.

En 1595, il fut envoyé comme ambassadeur à Londres, [1] puis en 1606 il fut nommé Conseiller et Secrétaire d'Etat. Il continua à exercer cette dernière fonction sous Louis XIII, après avoir obtenu en 1615 la survivance de sa charge pour son fils. Il était seigneur de la Ville-aux-Clercs et on l'appelait assez communément M. de la Ville-aux-Clercs, souvent même on supprimait

---

[1] Le P. Anselme. *Histoire généalogique de la Maison de France.* T. VI. p. 554.

le mot Monsieur, et c'était alors par le nom de la Ville-aux-Clercs, que l'on désignait Antoine de Loménie.

Le mardi 12 novembre 1630, (deux jours après la Journée des Dupes), le roi Louis XIII envoya le sieur de la Ville-aux-Clercs, redemander les sceaux à Michel de Marillac. Celui-ci qui se doutait de sa disgrâce, avait préparé sa démission ; mais grand fut son étonnement lorsqu'il apprit qu'on allait le conduire au château de Caen, où il fut aussitôt transféré. De Caen, il resta à Châteaudun jusqu'à sa mort arrivée en 1632. C'était un des hommes les plus dévoués à Marie de Médicis. (1)

Antoine de Loménie mourut en 1638 étant âgé de 78 ans, (2) laissant de sa femme : Anne d'Aubourg Porcheux, un fils nommé Henri-Auguste de Loménie, chevalier, seigneur de la Ville-aux-Clercs, qui fut secrétaire d'Etat, prévôt des marchands, maître des cérémonies des ordres du Roi, connu sous le nom de comte de Brienne (3) et de Montberon, baron de Pougy et de Boussac, nommé chevalier du Saint-Esprit, et mort sans y avoir été reçu, le 15 novembre 1666, étant âgé de 71 ans. (4)

(1) Dictionnaire historique de l'Encyclopédie méthodique. T. III, p. 351.

(2) Il existe une médaille de 0,049 m/m de diamètre qui représente Antoine de Loménie, en buste, et entouré de ces mots : « Antoine de Loménie, *Conseiller, Secrétaire d'état*. MCDCXXX » De l'autre côté se voit une allégorie, Antoine y est représenté sous les traits de Mercure suivant Apollon qui est le roi Louis XIII. Cette allégorie est entourée de la devise : *Sic te rex magna sequebar*. (*Ainsi ô grand roi je te suivais*) C'est à Antoine de Loménie, homme éclairé et savant, que l'on doit 300 volumes contenant une collection de pièces historiques connue sous le nom de Manuscrits de Brienne, qu'il légua à la Bibliothèque du Roi. (Collection des Médailles à l'hôtel des Monnaies de Paris XVIIe siècle).

Recherches sur Versailles par Me Eckard. p. 16

Mémoires des troubles arrivés en France par François de Racines, chevalier, sieur de Villegoublain, publiés en 1668 par Darivauds de Villegoublain, son neveu.

(3) Les armes de Loménie, sont : d'or, à l'orme de sinople, au chef d'azur chargé de trois losanges d'argent. (J. B. Rietstap. *Armorial général*).

(4) Les armes d'Henri de Loménie de Brienne, sont écartelées aux 1er et 4e d'or, à l'arbre de sinople arraché, soutenu d'un tourteau de sable, au chef d'azur chargé de 3 losanges d'argent ; aux 2e et 3e d'azur, à trois fasces d'or, qui est d'Aubourg-Porcheux, armes d'Anne d'Aubourg, sa mère.

## Albert de Gondy, duc de Retz.

### 1575-1602.

Albert de Gondy acheta la terre de Versailles et la Grange Lessart des tuteurs et curateurs des enfants de Martial de Loménie, le 19 février 1575, comme nous l'avons dit plus haut. Cette acquisition arrondissait son domaine au Val-de-Galie, et ce n'était pas la moindre des ambitions de ce favori de la reine Catherine de Médicis. Il avait en sa possession aux environs de Versailles, la baronnie de Marly, et les terres et seigneuries de Villepreux, Noisy et Bailly, au Val-de-Galie. C'était avec le sieur de Thumery, le plus grand terrien de la contrée.

Albert de Gondy, fils aîné d'Antoine de Gondy, maître d'hôtel du roi Henri II, était né à Florence le 4 novembre 1522. Son esprit des plus intrigants et l'appui et la faveur de Catherine de Médicis le firent en quelques années arriver aux premiers emplois et aux plus hautes dignités à la Cour. Il fut d'abord gentilhomme de la chambre, puis maître de la garde-robe du roi Charles IX. Ce prince, qui avait Albert de Gondy pour gouverneur, se ressentit bientôt de l'influence qu'il exerçait sur lui. En effet, Albert le corrompit entièrement, et changea toutes les belles qualités qu'il avait montrées en des défauts monstrueux. Il l'excita particulièrement à la fausseté, à la cruauté et au fanatisme.

Fidèle à ces principes, Albert se distingua dans les guerres de religion et fut l'un des promoteurs et principaux conseillers du massacre de la Saint-Barthélemy, d'accord avec la reine Catherine de Médicis et le roi Charles IX.

En 1572, il avait été envoyé comme ambassadeur en Angleterre, et l'année suivante il fut créé marquis, puis maréchal de France et gouverneur de Provence. Lorsque Henri III fut appelé au trône de Pologne, il suivit ce prince en son nouveau royaume et revint avec lui en France. (1) En récompense de ses services, le roi le nomma chevalier de son ordre (du Saint-Esprit), général des galères en 1579, puis duc de Retz et pair de France en 1581.

En 1565, il était devenu baron de Retz par son mariage avec Claude-Catherine de Clermont, veuve du baron de Retz. (2)

L'on trouve dans Pierre de Lestoile des détails assez piquants sur l'origine de la faveur de la famille de Gondy et sur les principaux faits généraux de la vie d'Albert de Gondy. Nous les rapportons ici. Cet auteur, en parlant de la mort de Charles de Gondy, seigneur de la Tour, frère du Maréchal de Retz, arrivée le mardi 25 juin 1574, dit qu'il mourut de dépit et de mélancolie comme le bruit en fut tout commun, de ce qu'étant maître de la garde-robe du roy naguère deffunct (Charles IX), il avait été privé des meubles et accoutremens du deffunct roy, et autres droits à luy appartenans, par son frère aîné, le comte de Retz, qui avait voulu avoir la dépouille et les droits dessusdits comme ayant baillé ou fait bailler audit La Tour, son frère, ledit estat de maistre de la garde-robe, et estant cause de tout son bien et avancement.

Le comte de Retz était fils aîné d'un banquier florentin nommé Gondy, seigneur du Péron, duquel la femme, italienne, avait trouvé moyen de passer au service de la reine Catherine de Médicis et avait eu la charge de la nourriture des enfants du roy Henri II et d'elle, en leur maillot, et même disait-on qu'elle avait aidé à la Reine, qui avait demeuré dix ans mariée sans avoir lignée, à faire lesdits enfants, qui fut cause de la faire aimer tellement par la Reine, qu'après la mort de Henri II, son mari, étant

---

(1) Le 6 juin 1574, le maréchal de Retz revint de Pologne où il estoit allé dès le mois de décembre précédent accompagner le roy à sa réception et couronnement ; et rapporta sûreté pour le passage du roy par l'Allemagne, revenant en France.

(2) Jean d'Annebaut, baron de Retz. Les armes de Clermont, sont : de gueules à 2 clefs d'argent passées en sautoir.

parvenue au gouvernement des affaires par le bas-âge de Charles, son fils ; en moins de quinze ans elle avait si bien avancé les affaires des enfants de ladite du Péron, qui au jour du décès du roy Henry, n'avaient pas tous ensemble deux mille florins de revenu et de patrimoine, leurs dettes payées, cent sols vaillants, que ledit comte de Retz lors du décès du roy Charles, était premier gentilhomme de la chambre du roy et maréchal de France, entre autres plusieurs états possédait cent mille livres de rente pour le moins, et avoit en argent et en meubles la valeur de quinze ou dix-huit cent mille livres ; et son frère, messire Pierre de Gondy, outre l'évêché de Paris, tenait encore pour trente ou quarante mille livres de rente, d'autres bénéfices, et avait d'argent comptant et de meubles la valeur de deux cent mille escus ; et ledit seigneur de la Tour qui étoit capitaine de cinquante hommes d'armes, chevalier de l'ordre du roy ; maistre de la garde-robe du roy, et tous trois du privé conseil dudit seigneur roy. (1)

Le jeudi 8 juillet 1574, le comte de Retz, mareschal de France, Pierre de Gondy, évêque de Paris et d'autres seigneurs de la Cour, assistaient à la réception du cœur du roi Charles IX aux Célestins, où il fut inhumé. (2)

Vingt jours après (le 28 juillet), le maréchal de Retz, seul de tous les maréchaux en crédit, fut député pour aller aux confins de Champagne et Lorraine recevoir six mille reistres et six mille suisses qui devoient y arriver pour le Roy. (3)

En la même année, Albert de Gondy affectant la principauté d'Orange, on fit cette pasquinade :

       Nature a fait un cas étrange
       En la personne de Gondy,

---

(1) Charles de Gondy, était aussi général des galères. Il eut pour frères Albert de Gondy, et Pierre de Gondy d'abord évêque et duc de Langres, puis de Paris et enfin cardinal. De plus, il était abbé de Saint-Jean des Vignes ; de Saint-Crespin de Soissons, de Saint-Aubin d'Angers, de Saint-Martin de Pontoise, de Champagne et de l'Espau. (P. de Lestoile. *Journal de Henry III*. T. I. p. 85).

(2) P. de Lestoile *Journal de Henri III*. T. I. p. 90.

(3) Ibid. p. 93.

Il ne lui faut plus qu'une orange
Pour faire un bon salmigondis.

Albert de Gondy qui avait la confiance de Catherine de Médicis et de Charles IX qui lui avait fait l'honneur de l'envoyer pour épouser à son nom, Elisabeth d'Autriche, fille de l'empereur Maximilien, assista au sacre du roy Henri III, où il représentait la personne du connétable de France. Plus tard, au sacre d'Henri IV, il tint la place du comte de Toulouse comme pair du royaume.

Au mois de décembre 1575, le comte de Retz, son frère, l'évêque de Paris et plusieurs autres seigneurs de la Cour accompagnèrent Isabelle d'Autriche, veuve du roi Charles IX, retournant chez son père, l'empereur d'Autriche. (1)

Le 25 janvier 1588, le duc de Retz fit en la salle de l'évêché de Paris les nopces de ses deux filles, l'une : Marguerite Claude de Gondy, qui épousa Florimond de Halluyn, marquis de Maignelay, aîné de Piennes, un des plus beaux et adroits gentilhommes de France ; l'autre, Françoise de Gondy, mariée à Lancelot Grognet de Vassé, baron de la Roche-Mabille. (2)

La même année (1588), lors de l'assassinat du duc de Guise au château de Blois, le cardinal de Guise, son frère, qui estoit au Conseil du Roi avec l'archevesque de Lyon, entendant la voix de son frère qui criait mercy à Dieu, tourna sa chaise pour se lever, disant : « Voila mon frère qu'on tue : » Lors se levèrent les maréchaux d'Aumont et de Retz, et l'épée nue en la main crièrent : « qu'homme ne bouge, s'il ne veut mourir. » Incontinent après lesdits cardinal et archevesque furent conduits en un galetas bâty peu de jours auparavant pour des Feuillants et des

---

(1) Le 5 décembre 1575, Madame Isabelle d'Autriche, veuve de Charles IX, partit de Paris, accompagnée de MM. de Luxembourg, du comte de Retz et de l'évêque de Paris, qui la rendirent entre les mains des députés de l'Empereur ; elle fut fort aimée et honorée des Français. (*Pierre de Lestoile, ibid.* T. I, p. 144.)

(2) Pierre de Lestoile. *Journal de Henri III.* T. II. p. 89.

Capucins. (1) L'on sait que peu de temps après le cardinal de Guise fut assassiné à son tour.

Albert de Retz, voyant sa faveur diminuer auprès de Henri III par l'avancement de Monsieur de Joyeuse et connoissant qu'il aurait la charge de premier gentilhomme de la Chambre, le Roy, un jour étant en son cabinet avec Monsieur de Joyeuse, deffendit à l'huissier de laisser entrer aucun ; et dit l'huissier, et M. de Retz ? « Moins que pas un » dit M. de Joyeuse. — M. de Retz arrive, l'huissier lui dit qu'il lui estoit défendu de le laisser entrer ; lui, étonné, et se doutant de ce qui estoit, le pria de le laisser entrer, luy promit deux mille écus s'il le faisait ; et qu'il avait assez de pouvoir de le garantir du courroux du Roy.

Il entre, de quoy le Roy s'étonne bien fort et M. de Joyeuse. M. de Retz dit au Roy : « Sire, je vous viens prier de me faire une faveur. Vous n'avez encore rien donné à M. de Joyeuse, gentilhomme le plus acompli qui soit en votre cour, permettez-moy que je luy fasse un présent de ma charge de gentilhomme de la Chambre, je suis âgé. » Le Roy sembla résister, il le pria derechef. Le Roy l'accepta, et ledit sieur de Joyeuse qui ne ceut par quel témoignage récompenser et accepter le don, sinon avec mille protestations d'amitié et de faveur.

En 1597, fut publié un pasquil où l'on mit les vers suivants sur M. de Retz :

> Que si je suis un maître buffle,
> Si je ne lorgne que du muffle,
> Je suis aussi, archi-menteur,
> A l'Etat, prévaricateur,
> Un traître maréchal de France,
> Qui va à Espagne par Florence. (2)

Le vendredy 12 avril 1602, messire Albert de Gondy, duc de Retz, pair et maréchal de France, décéda à Paris, en son hôtel du faubourg Saint-Honoré, chargé d'ans et de biens mais

---

(1) Pierre de Lestoile. *Journal de Henri III*. T. II, p. 148.
(2) Ibid. *Journal de Henri IV*. T. II, p. 345.

atténué (atteint) d'une étrange et cruelle maladie qui était un chancre qui le consuma et rongea misérablement avec grandes et extrêmes douleurs.

Ainsi finit ses jours le dernier des Conseillers d'État et auteurs de la journée de Saint-Barthélemy, en ce, seulement heureux, que la longueur de la maladie l'amena à repentance et confessions de ses fautes et péchez (ainsi qu'on disoit) qui est la fin qu'on doit désirer à tout homme chrétien. Miroir cependant de la justice de Dieu, et encore plus de sa miséricorde. (1) Il était alors âgé de 80 ans, et fut enterré dans le chœur de l'église de Notre-Dame de Paris, en la chapelle de Gondy. Le monument d'Albert de Gondy se voyait encore à Notre-Dame, avant la Révolution. (2) Il se composait de sa statue en marbre blanc, de grandeur naturelle ; agenouillé, les mains jointes, armé de toutes pièces et l'épée au côté, tel Albert y était représenté. Cette statue était placée sur un entablement porté sur quatre colonnes, le tout de marbre noir, au milieu de ces colonies se voyait un grand cénotaphe aussi de marbre noir.

On y lisait l'épitaphe suivante, énumérant d'abord les titres nombreux du défunt illustre et généreux qui avait servi cinq rois ; lui donnant des qualités qui n'existaient pour la plupart que sur le marbre de son tombeau, et joignant la louange menteuse à la flatterie la plus éhontée. Il est vrai que ce monument lui avait été élevé par son frère, sa femme, ses enfants et ses neveux.

*Aeternæ Memoriæ*
*Illustrissimi, ac generossimi*
*Alberti de Gondi*
*Ducis Retzii, Marchionis Bellinsula,*

---

(1) Pierre de Lestoile. *Journal de Henri IV*. T. III, p. 8.

(2) Les chapelles de Saint-Louis et de Saint-Rigobert étaient affectées à la sépulture des Gondy. L'épitaphe consacrée à l'éternelle mémoire de l'illustre et généreux Albert de Gondi, duc de Retz-marquis de Belle-Isle, pair de France, etc., rappelait, comme nous l'avons dit, les services rendus notamment aux rois Charles IX et Henri III comme ambassadeur en diverses circonstances, etc. etc.

*Paris Franciæ, Equitum Magistri,*
*Reg. trirem præfecti*
*Duorum Regnum Christiannissiniorum*
*Caroli IX et Henri III.*
*Cubicularii*
*utriusque Militiæ Regis torque*
*donati*
*Quinque regibus nostris.*
*Quibus trium maximarum Provinciarum*
*Pro rex octiesque Exercituum*
*Reginorum cum imperio ductor, quinque*
*Præliis per multis que obsidionibus*
*egregiam operam navavit*
*ob industriam, et fidem pergrati,*
*gravissimus, et difficillimis*
*Legationibus, omnibus que Belli ac*
*Paris muneribus summa cum*
*integritatis laude perfuncti,*
*Frater, Uxor, Filii, Nepotes.*
*Posuere 1602.*

L'épouse d'Albert de Gondy, Claude-Catherine de Clermont d'Annebaut, duchesse de Retz, dame de Versailles (1) et autres lieux, était renommée non-seulement pour sa beauté, car c'était l'une des plus belles femmes de son temps, mais encore par son esprit et son savoir. Elle possédait à la perfection les langues savantes. Ce fut elle qui répondit en latin pour la reine Catherine de Médicis aux ambassadeurs de Pologne lorsqu'ils apportèrent au duc d'Anjou le décret d'élection à cette couronne. Quoique

---

(1) En sa qualité de dame de Versailles, Catherine de Clermont fait un bail à ferme passé le 28 juin 1602, par devant Comtesse et son confrère, notaires au Châtelet de Paris, à Jean Périer l'aisné, et à Jean Périer le jeune, pour neuf ans, de la terre et seigneurie de Versailles et la Grange Lessart, moyennant 333 écus et un tiers d'écu par an, outre les réserves portées par ledit bail. (Archives nationales. *Titres terriers du Domaine de la Couronne.* O¹ 3872, p. 148-149.)

cette dame n'eût qu'un jour pour se préparer à répondre à ces ambassadeurs, son discours remporta le prix d'une commune voix, sur ceux du chancelier de Birague et du comte de Chiverni, qui avaient aussi répondu, le premier pour le roi Charles IX, et le second pour le duc d'Anjou. Elle mourut fort peu de temps après son mari, ainsi que nous l'apprend le Journal de Lestoile qui porte que, le mardy 25 février 1603, mourut à Paris, d'une pleurésie, Madame la maréchale de Retz, âgée de 58 ans, dame de beaucoup de grâces et de bel esprit, de laquelle toutefois le Roy, en gaussant, dit qu'elle avait manqué à la fin de ses jours, d'avoir par son testament donné à son médecin et à son avocat, l'un qui l'avait fait mourir, et l'autre qui ruinerait sa maison par procès.

Cette dame fit une belle fin et mourut bonne chrétienne et repentante. On la disait ennemie de ceux de la Religion, pour les actes de dévotion qu'elle faisait ordinairement, où elle paraissait plus catholique superstitieuse qu'autrement. Et toutefois avant que de mourir elle dit à un grand seigneur de la Religion qui lui en parloit, « que quelques dévotions qu'elle fit, elle le
» pouvoit assurer d'une chose : qu'elle ne croyoit estre sauvée
» que par le sang d'un Jésus-Christ, et qu'elle ne prioit ni ne
» demandoit rien à Dieu qu'au nom d'icelluy ni n'avoit recours
» à aucune intercession de Vierge, Saint ou Sainte quelconque,
» ains embrassoit seulement, et se reposoit sur le mérite de la
» mort et passion qu'il avoit enduré pour elle. » (1)

Par son testament daté du 22 février, veille de sa mort, et suivant la volonté du maréchal de Retz, elle partagea ses biens entre ses enfants. Henry de Gondy, son petit-fils, eut la seigneurie de Versailles, sous la tutelle de son oncle, et Philippe-Emmanuel de Gondy, comte de Joigny, eut la seigneurie de Villepreux, au Val de Galie.

Catherine de Clermont fut inhumée dans l'une des chapelles de la nef du couvent de l'Ave Maria.

---

(1) Pierre de Lestoile. *Journal de Henri IV*. T. III, p. 66.

Sa statue en marbre blanc avait été sculptée par Prieur, qui l'a représentée à genoux devant un prie-Dieu.

Elle était placée sur un entablement en marbre noir supporté par quatre colonnes en marbre vert de mer, provenant d'un tombeau érigé à la famille Boucherat, et qui avait été détruit. Un bas-relief de Germain Pilon représentant Jésus au jardin des Oliviers se voyait au bas.

Le socle, qui portait sur un lion chimérique, était orné de même d'un bas-relief très délicatement sculpté en albâtre et de quatre médaillons bronzés représentant : Cosme de Médicis, grand duc de Toscane, mort en 1574 ; Ferdinand II, successeur de Cosme, mort en 1668 ; et Léon-Baptiste Alberti, architecte et chanoine de Florence, mort en 1550 ; l'autre représentait une allégorie. Au-dessus de ce monument se voyait un bas-relief en pierre de Tonnerre, représentant Jésus-Christ au tombeau.

Au-dessous on lisait les inscriptions suivantes :

> *Quod mortale fuit terrestri conditur urna*
> *Spiritus æthereas felicior incolit arces*
> *Duxerit egregium licet alto a sanguine nomen*
> *Virtus rara genus meritis illustratibus auxit.* (1)

Sur un petit marbre en dedans de cette chapelle étaient gravés les quatre vers suivants en mauvais français qui rendent le sens de ceux en mauvais latin que l'on vient de lire, et qui sont ainsi traduits :

> Tout ce qu'eut de mortel cette illustre duchesse
> Gist dessous ce tombeau, son âme est sur les cieux,
> Qui de tant de vertus, décora sa noblesse,
> Que sa gloire enrichit l'honneur de ses aïeux.

---

(1) Elle fut la protectrice des savants et des lettrés. On lui donna le titre de célèbre par les grands progrès qu'elle fit dans les sciences qui la firent honorer sous les règnes de Charles IX, d'Henri III et d'Henri IV. Elle parlait le grec et le latin et composait en prose et en vers.

Au-dessous des vers latins, on lisait l'épitaphe suivante :

*D. O. M. (Des Optimo Maximo).*
*Claudia Catharina*
*Claramontia.*

*Retiorum Dux Heroina cum quavis prisci avi comparanda, pietate, pudicitia, ingenii, aleganlia, in litteratos eximio favore, in tenuiores benignitate, ac munificentia, ergæ omnes comitate insignis ; vetustissimæ gentis splendori etiam aliquid addi posse judicavit, si animum liberalieri doctrina supra sexum excoleret eoque nomine Regibus ac Principibus (quorum plures arcta necessitudine contingebat), acceptissima fuit : ut qui eum sæpius de rebus gravissimis ac omnibus disciplinis admirabilii facundia differentem libentissime audirent. Iis præssantis ingenii dotibus emituit præsertim cum Polonarum Legati Carolum IX. Henricum novum Poloniæ Regem, Catharinam Reginam parentem latine sermone allo querentur. Ipsi enim principes usi sunt interprete Claramontia Legatis apposite respondente. Joanni Annebaldo Claudii illius famosi maris Præfecti filio primum nupsit. Quo pro patria et Rege in prælio Druidensi fortiter dimicante occiso, cum Aberto Gondio Retiorum Duce Franciæ Pari, Equitum tribunorum Principe Triremiumque Gallicarum Generali ob prudentiam et animi magnitudinem de Gallia bene merito 36 annos unanimi connubio vixit.*

*Annis. 1603 ætatis 60.*

*Henricus Gondius, Retiorum Dux, ex Carolo Bellæ Insulæ Marchionæ filio nepos aviæ pientissimæ. Henricus Parisiensis episcopus. Philippus Emanuel Juniaci Comes, Triremium Gallicarum prefectus generalis. Johannes Divi Albini Abbas, filii, matri suavissimæ mærentes posuerunt. R. I. P. (Requiescat in pace).* (1)

Cette longue épitaphe, remplie de louanges méritées quant à la science et au caractère de Catherine de Clermont, à son amour pour les lettres et à sa bonté envers les savants et les lettrés qu'elle encourageait et soutenait de son crédit et peut être de ses libéralités, rapporte en partie sa vie bien remplie et le fameux discours

---

(1) Piganiol de la Force. *Description de Paris.* T. IV, p. 166 et suivantes.

en latin fait aux ambassadeurs Polonais dans la circonstance que nous avons dit plus haut, mais suivant Brantôme, elle n'aurait pas toujours été exempte de reproche, et le mot pudicitia semblerait mal placé dans cette épitaphe.

Cette dame était digne en tous points des louanges que lui donnait son épitaphe Ce qui n'a pas empêché un écrivain de son temps de la malmener quelque peu. Le cardinal de Retz, son petit-fils, ayant sû qu'il y avait chez MM. du Puy un manuscrit de M. de Bourdeille de Brantôme contenant plusieurs volumes dans l'un desquels étaient les amours de la duchesse de Retz, femme d'Albert de Gondy, où il y avait maintes belles choses à l'honneur de la dame ; il n'eut pas de repos que MM. du Puy lui eussent permis d'effacer tout ce qui était contre sa grand'mère, ce qu'il fit de façon qu'on ne pouvait plus en déchiffrer un mot. (1)

## Jean II de Soisy.

### 1610-1627.

uivant l'abbé Lebeuf, Jean de Soisy était seigneur de Soisy-sous-Montmorency et de Versailles, en partie, en 1610. Nous croyons qu'il s'agit pour cette famille, de Choisy-aux-Bœufs, où, comme nous l'établirons ailleurs, elle avait des biens en fief dès le treizième siècle. Jean de Soisy avait épousé Antoinette Postel le 22 janvier 1610. (2)

---

(1) Tallemant des Réaux. *Historiettes*. T. III. p. 27. Les armes de Gondy sont : d'or à deux masses d'armes de sable passées en sautoir, liées de gueules par le bas.

(2) L'auteur de l'Histoire du diocèse de Paris, dit précisément à propos du contrat de ce mariage que Jean y est qualifié seigneur de Soisy-sous-Montmorency. Il est probable que l'abbé Lebeuf aura attribué ce nom à Soisy-sous-Montmorency, sans penser à Choisy-aux-Bœufs, beaucoup plus rapproché de Versailles. Nous préparons une notice sur cette famille et sur le village de Choisy-aux-Bœufs dans laquelle nous développerons ce que nous avançons ici.

En 1627, il vendit ce qu'il possédait à Versailles au roi Louis XIII, qui acquit, en 1632, la seigneurie de ce lieu.

Jean de Soisy était le petit-fils ? de Guillaume de Soisy, écuyer, et le petit neveu des deux dames Marguerite de Soisy, l'une tante et l'autre sœur dudit Guillaume, dont nous avons parlé précédemment comme héritier et héritières de Jehanne de la Tillaye, dame de Versailles, en partie. Ce qui explique comment, malgré que certains auteurs l'aient contesté, Jean de Soisy, seigneur de Versailles, en partie, put vendre ses possessions en ce lieu au roi Louis XIII.

## Henry de Gondy.

### 1615-1619.

Henry de Gondy était fils de Charles de Gondy, marquis de Belle-Isle et général des galères, (fils aîné d'Albert de Gondy); qui fut tué à l'attaque du mont Saint-Michel, en 1596, n'étant âgé que de vingt-sept ans.

A la mort de son grand père, Henry n'avait que douze ans, et sa mère après la mort de son mari s'étant retirée dans un couvent, ce fut Henry de Gondy, son oncle, qui fut chargé de la tutelle de l'orphelin.

Dès lors, Henry de Gondy, évêque de Paris, prit les titres de seigneur de Noisy et Bailly-en-Cruye, pendant la minorité de son neveu dont il administra les biens jusqu'en 1616. A cette date, Henry, devenu majeur, prit alors les titres de duc de Retz et de Beaupréau, pair de France, marquis de Belle-Isle et des Isles-d'Hières, comte de Chemillé, baron du Plessis-le-Chastel, de Marly-le-Chastel et de Beaumanoir, seul seigneur haut justicier de Noisy et de Bailly, seigneur de la Grange l'Essart et de Versailles. (1)

Il avait épousé le 15 mai 1610, Jeanne de Scépeaux, duchesse de Beaupréau et comtesse de Chemillé, fille unique de Guy V de Scépeaux, duc de Beaupréau et comte de Chemillé. L'on trouve dans Tallemant des Réaux, à propos de l'héritière de Scépeaux, l'historiette suivante : M. de Montmorency eut une querelle avec le duc de Retz, petit-fils d'Albert de Gondi et fils du marquis de Belle-Ile. M. de Montmorency avait été accordé et même marié, mais sans coucher ensemble, avec l'héritière de Beaupréau (Jeanne de Scépeaux), mais la reine-mère fit rompre le mariage pour lui donner une de ses parentes de la maison des Ursins (Marie Félicie des Ursins, née en 1600) qu'elle fit venir exprès pour cela. Un Ursin avait épousé la sœur du grand père de la reine-mère. Depuis, M. de Retz épousa M<sup>lle</sup> de Beaupréau, et M. de Montmorency au lieu de duc de Retz l'appela « duc de mon reste. » On les accorda sur l'heure. (2)

En 1619, Henry de Gondy, fut fait chevalier des ordres du Roi. Il mourut le 12 août 1659, à Princay, en Bretagne, étant âgé de 69 ans Le 17 octobre 1618, par une transaction faite devant Le Boucher et son confrère, notaires à Paris, et du consentement de Jeanne de Scépeaux, son épouse, il avait vendu ou cédé à messire Henry de Gondy, cardinal évêque de Paris, et à

---

(1) Le 9 juillet 1605, par devant Mahieu, notaire au Châtelet, fut fait un bail par Messire Henry de Gondi, évêque de Paris, au profit de Denis Mercier, pour six ans, de la terre et seigneurie de Versailles et de la Grange l'Essart, moyennant 1050 livres par an. (Archives nationales. *Archives de la Couronne.* O¹ 3872 p. 249.) Le 26 avril 1617, bail par devant Contesse, notaire au Châtelet, par Henry de Gondy, seigneur de Versailles et de la Grange l'Essart, des terres et seigneuries de Versailles et la Grange l'Essart, au profit de Denis le Mercier, pour six ans, moyennant 1550 livres par an. (Archives nationales. Ibid. O¹ 3872. p. 241-242.) Le manuscrit dit à tort Albert de Gondy au lieu de Henry. Albert mourut en 1602.

(2) Tallemant des Préaux. *Historiettes*, T III, p. 96. Les armes de Scépeaux, sont : vairé contre vairé d'argent et de gueules.

Jean François de Gondy, maître de la chapelle du Roi, ses oncles, les terres et seigneuries de Noisy, Bailly, Versailles, la Grange-l'Essart, des Essarts (1) et la baronnie de Marly-le-Chastel.

Le cardinal de Retz mourut à Béziers le 3 août 1622, et Jean François de Gondy, son frère et coadjuteur, fut sacré premier archevêque de Paris, et lui succéda dans toutes ses seigneuries, en la même année.

## Jean-François de Gondy, archevêque de Paris.

### 1622-1632.

n 1623, Jean-François de Gondy, vendit à Pierre de la Martelière, écuyer, seigneur du Fay, avocat au parlement de Paris, la terre et le château de Bailly, avec toutes ses appartenances et dépendances, mais il en retint la seigneurie.

Par un contrat passé le 8 avril 1632, il vendit la terre et seigneurie de Versailles avec le fief de la Grange l'Essart, au roi Louis XIII, moyennant une forte somme pour le temps. (2) Voici la teneur de ce contrat :

« Le 8 avril 1632 fut présent l'illustrissime et révérendissime
» Jean-François de Gondy, archevêque de Paris, seigneur de
» Versailles, et reconnait avoir vendu, cédé et transporté etc....
» à Louis XIII, acceptant pour Sa Majesté : Messire Charles de
» Laubespine, Garde des Sceaux et Chancelier des Ordres du Roi;
» Antoine Ruzé, marquis d'Effiat, Surintendant des Finances, et
» de la terre et seigneurie de Versailles, consistant en un vieil
» château en ruine et une ferme de plusieurs édifices, consistant
» ladite ferme en terres labourables, en prés, bois, châtaigneraies,

---

(1) Les Essarts de Marly.
(2) Pour 66,000 livres. Dussieux. *Le Château de Versailles.* T. I, p. 16.

» étangs et autres dépendances ; haute, moyenne et basse
» justice,.... avec l'annexe de la Grange Lessart, appartenances
» et dépendances d'icelle, sans autre chose excepter ; retenir ni
» réserver par ledit sieur archevêque, de ce qu'il a possédé audit
» lieu de Versailles. Pour d'icelle terre et seigneurie et annexe
» jouir par Sa Majesté et ses successeurs Rois, comme de choses
» appartenantes. Cette vente, cession et transport faits aux
» charges et devoirs féodaux seulement, moyennant 66,000
» livres, (1) que ledit sieur archevêque reconnaît avoir reçues de
» Sa dite Majesté par les mains de..... en pièces de seize sols,
» de laquelle somme il se tient content, en quitte Sa Majesté et
» tout autre. » (2)

En 1633, le Roi créa Jean-François de Gondy, commandeur de ses ordres. Cet archevêque de Paris, était bien fait et avait de l'esprit, mais il ne savait rien, il disait les choses fort agréablement, et suivant Tallemant des Réaux, il a toujours vécu licencieusement, etc... Il a toujours bien entretenu ses maisons de plaisance : Noisy vers Villepreux, et le jardin de Saint-Cloud. Il faisait beaucoup de dépense, avait musique et grand équipage, il en retrancha un peu et rompit sa musique. On dit que ses affaires nettoyées, il lui resta plus de cent mille livres de rente, cependant il se traitait si mal qu'il n'eut su donner à dîner à personne, sans être averti. Si ce n'eut été les reproches que l'on lui pouvait faire sur son penchant contraire aux vœux monastiques, il lui arriva une chose à Saint-Cloud qui l'aurait fait passer pour un saint, on aurait dit que c'était un miracle : Un pauvre diable qu'on allait pendre à Saint-Cloud, voulut avoir la bénédiction de Monseigneur l'archevêque, seigneur du lieu. Par hasard il y était alors : on le lui mène, il se jette à ses genoux et lui demande la vie. « Je ne puis, » dit l'archevêque, « mais je te donne ma bénédiction. » On jette le patient dans le vide, la potence se

---

(1) 142,745 francs de notre monnaie actuelle.
(2) Blondel. *Architecture française*. T. IV, p 93 J.-B. de Sainte-James Gaucourt. *Versailles, seigneurie, domaine, ville, etc* , p. 144.

casse, le peuple le sauve. Depuis, on demanda à ce pendu à quoi il avait pensé quand on l'eut jeté : Je croyais, dit-il, assister à une penderie en l'autre monde. (1)

A part de ce que dit Tallemant des Réaux sur ce prélat et seigneur de Versailles, l'on sait qu'il était d'un caractère remuant ; hardi et jaloux de sa popularité, on connait la part qu'il prit aux troubles de la Fronde et ce qui en résulta pour lui, disgràcié, exilé de la cour, il parvint toutefois à rétablir ses affaires et à terminer sa vie plus paisiblement. Il mourut à Paris, le 21 mars 1654, âgée de 70 ans, et fut enterré dans son église cathédrale en la chapelle de Gondy. Ses héritiers bénéficiaires étaient : Philippe Emmanuel de Gondy, comte de Joigny, seigneur de Villepreux, et Henri de Gondy, duc de Retz, capitaine de cent hommes d'armes des ordonnances du Roi, l'un frère et l'autre neveu du prélat. Deux ans après (en 1656), ils vendirent la baronnie de Marly et les seigneuries de Noisy, de Bailly, et le fief des Essarts de Marly, à François Bossuet, Conseiller-Secrétaire du Roi, et cousin germain du père du grand Bossuet.

Jean-François de Gondy, a laissé des Mémoires assez estimés où il raconte les événements de son temps et la part active qu'il y prit.

(1) Tallemant des Réaux. *Historiettes*, T. V, p 103.

# PERSONNAGES DE VERSAILLES

Dans le cours des recherches entreprises pour rassembler les documents qui précèdent, nous avons rencontré les noms suivants que vu l'impossibilité de rattacher leur filiation avec les seigneurs de Versailles, nous avons cru devoir classer parmi les parents éloignés de ces seigneurs, ou les bourgeois de ce lieu, qui en avaient pris le nom.

**Pierre de Versailles.** — Dans la première moitié du XIII<sup>e</sup> siècle, Pierre de Versailles était prieur de Rully (ou Ruilly), ce qui se voit par une quittance donnée par devant l'official de Bourges, en septembre 1234, par Pierre de Boissy, à Guillaume de Roonel, prieur de Rully, par laquelle il décharge ledit prieur et l'abbé et couvent de Saint-Denis, de la somme de neuf vingt livres à laquelle Pierre de Versailles, ci-devant prieur de Rully était obligé envers ledit de Boissy, pour Pierre de Coral, ensemble les décharges de toutes autres prétentions et demandes qu'il aurait pu faire contre eux. (1)

(1) Archives de Seine-et-Oise. *Inventaire des Chartes de l'abbaye de Saint-Denis.* T. II, p. 143.

En 1260, au mois de juillet, Pierre de Versailles devenu infirmier de l'abbaye de Saint-Denis, reçoit pour son office une maison vendue par Arnoult de Bar, sise à Saint-Denis, rue du Songer, tenant d'une part à la maison dudit infirmier, et envers lui chargée de 6 sols parisis de chef-cens, suivant une charte passée devant l'officiel de l'évêque de Paris. (1)

**Jehan de Versailles.** — Dans le rôle de la taille de Paris, en 1292, se trouve mentionné pour la somme de 2 sols Jehan de Versailles, demeurant rue des Jardins, vers la ruelle Saint-Paul, aujourd'hui rue des Billettes. (2)

**Simon I$^{er}$ ? de Versailles.** — Dans la première moitié du XIV$^e$ siècle vivait Simon de Versailles. Il était mort en 1340. Le 12 mars de cette année, Jean Mignon, seigneur du Tremblay, achète une petite maison à la Villeneuve-sous-Maurepas, tenant aux hoirs ou héritiers de Simon de Versailles.

**Simon II ? de Versailles.** — Dans un aveu fait au Roi, en l'an 1366, par Jehan d'Aigreville, seigneur chastelain de Neauphle-le-Chastel, à cause de la comté de Meulan, l'on voit que Simon de Versailles, tenait d'Adam le Brun, un fief situé dans la chastellenie dudit Neauphle. (3)

**Jean de Versailles**, dit l'Arcevesque, est mentionné au mois de février 1295, comme Trésorier du Roi, et pour finance par lui faite en cette qualité, à cette occasion et de sa légitime lui est accordé par lettres de mandat du Roi ou se trouvent mentionnés : le conétable de France, les évêques de Bayeux et de Noyon, le maître des arbalétriers, le seigneur Guillaume des Borders, etc., la somme de XI livres parisis. (4)

(1) Archives de Seine-et-Oise. *Inventaire des Chartes de l'abbaye de Saint-Denis.* T. II, p. 348.
(2) *Livre de la taille de Paris sous Philippe-le-Bel.*
(3) Collection particulière. Archives de M. Filassier (de Maule).
(4) Extraits de Journaux du Trésor *Bibliothèque de l'École des chartes.* 4$^e$ et 5$^e$ livraison, 1888, p. 401.

**Jeanne de Versailles.** — En l'an 1400, Jeanne de Versailles, était abbesse de Saint-Cyr, au Val-de-Galie. C'est tout ce que l'on sait de cette religieuse. (1)

**Guy ou Guillaume de Versailles.** — Guillaume de Versailles, chanoine d'Angers, fut député au concile de Bâle, en 1432, puis ensuite à l'assemblée de Bourges, où l'on prit la défense de celle de Bâle. Il fut plus tard l'un des témoins dans la révision du procès de Jeanne d'Arc, où il est désigné sous le nom de Guillaume de Versailles. La sentence de réhabilitation de Jeanne la Pucelle qui avait été condamnée et brûlée vive comme hérétique relapse, fut prononcée à Rouen, le 7 juillet 1456.

Guy de Versailles mourut en 1472, ayant légué à l'église de Tours un manuscrit latin faisant partie aujourd'hui de la Bibliothèque nationale. (2)

(1) L'abbé Lebeuf. Histoire du diocèse de Paris T. VII, p. 326.
(2) Cabinet des Manuscrits de la Bibliothèque nationale, n° 2623. T. II. p. 419.

# TABLE DES MATIÈRES

|  | Pages |
|---|---|
| Le Val de Galie au XVIe siècle. | 1 |
| L'ancienne Seigneurie de Versailles. | 4 |
| Le Domaine de Versailles | 14 |
| Les Célestins de Paris, seigneurs de Versailles, Montreuil, Porchéfontaine, et autres lieux | 20 |
| L'ancien Prieuré de Saint-Julien de Versailles. | 26 |
| La Léproserie ou Maladrerie de Versailles | 46 |
| Les Seigneurs de Versailles. | 49 |
| Hugues Ier de Versailles. | 49 |
| Amaury de Versailles. | 50 |
| Geoffroy de Gometz. | 51 |
| Philippe de Versailles | 52 |
| Robert Ier de Versailles. | 53 |
| Jean Ier de Versailles. | 54 |
| Hugues II de Versailles. | 55 |
| Gilon ou Giles Ier de Versailles. | 56 |
| Roger de Versailles. | 62 |
| Guy de Versailles. | 63 |
| Robert II de Versailles | 63 |
| Jean II de Versailles, dit le Jeune. | 64 |
| Gaston du Bois. | 64 |
| Jean III de Versailles. | 65 |
| Pierre Ier de Versailles, dit de Vémars | 66 |
| Gilles II et Jean IV de Versailles | 69 |

## TABLE DES MATIÈRES.

|  | Pages. |
|---|---|
| Jean V de Versailles | 75 |
| Robert III de Versailles, dit de Vémars | 76 |
| Gilette de Versailles | 79 |
| Renaudin de Versailles | 81 |
| Jeanne de Clagny, dame de Versailles | 82 |
| Guillaume Rigaut, et ses enfants | 85 |
| Jean VI de Versailles | 95 |
| Janequin de Vignay | 96 |
| Regnault I$^{er}$ de Versailles | 98 |
| Robinet ou Robert IV de Versailles | 100 |
| Pierre de Versailles | 101 |
| Regnault II de Versailles | 104 |
| Jean VII de Versailles | 108 |
| Michel de la Tillaye | 110 |
| Marie Rigaud, dame de Versailles | 112 |
| Jehan de Vignay | 115 |
| Antoine de Vignay | 116 |
| N .... de Colate | 117 |
| Jean Colas | 117 |
| Jean Poart | 118 |
| Jehan de Soisy, Jean de Gency et Marguerite de Soisy | 119 |
| Philippe Colas | 121 |
| Martial de Loménie | 126 |
| Antoine de Loménie | 128 |
| Albert de Gondy | 130 |
| Jean II de Soisy | 140 |
| Henry de Gondy | 141 |
| Jean-François de Gondy | 143 |
| Personnages de Versailles | 146 |
| Pierre de Versailles | 146 |
| Jehan de Versailles | 147 |
| Simon I$^{er}$ ? de Versailles | 147 |
| Simon II ? de Versailles | 147 |
| Jean de Versailles, dit l'Arcevesque | 147 |
| Jeanne de Versailles | 147 |
| Guy ou Guillaume de Versailles | 148 |

# TABLE GÉNÉRALE

DES

## NOMS DE LIEUX ET DE PERSONNES.

Abbeville (en Picardie), 100.
Achi, Guillaume d', 43.
Aigrefoin, fief d', 5, 65.
Aigreville, Jehan d', 147.
Alberti, Léon-Baptiste, 138.
Allemagne, l'empereur d', 103.
Amblainville, 94.
Ambleville, 94.
Amiens (en Picardie), 61.
Angennes, Regnauld d', 74.
Angers, 148.
Anichy, 117.
Antioche, Jean, patriarche d', 103.
Apilly, 109.
Arc, Jeanne d', 148.
Arcy, fief du petit, 17.

Argeville, Polie d', 74.
Armagnacs, 104.
Armentières, 109.
Arras, Martin, évêque d', 103.
Arsy, Galliaut d', 100.
Aubourg - Porcheux, Anne d', 129.
Aulbry, Pierre, 119.
Aulnoy, Le Gallois d', 71.
Aulnoy, Renaud, d', 71.
Aumont, maréchal d', 133.
Aunoy de Gasteblé, l', 93.
Autriche, 102.
Autriche, Anne d', 9
Autriche, Isabelle d', 133.
Ave-Maria, monastère de l', 125.
Bailly-en Cruye, près Versailles, 3,

16, 17, 130, 141, 142, 143, 145.
Bâle, 148.
Balisy, 98.
Bar, Arnoult de, 147.
Barbe, Jehan, 123.
Barre, le Président de La, 12.
Bastons, Hugues, 57.
Bavière, duc de, 102.
Bayeux, 147.
Bazainville, prieuré de, 51.
Beaumanoir, 141.
Beaumont, Thibault de, 67.
Beauneveu, Guillaume de, 103.
Beaupréau, duc de, 141, 142.
Beaurain, 57.
Beaurieux, Thierri de, 58.
Beauvais, 60, 104, 105, 106.
Béchevet, 17.
Bellébat, 17.
Belle-Isle, 135, 141.
Bénard, J.-Bte-A., 25.
Bernier, Jean, 81.
Besançon, Thibaut, évêque de, 102, 103.
Besin, Marie, 125.
Béthancourt, 109.
Béthisi, Renaud de, 58, 59, 60, 61 ; Guy de, 58.
Beusnon, Catherine, 44.
Beynes, 114.
Binanville, Guillaume, Jean et Roger de, 72.
Biregue, le Chancelier de, 137.
Blainville, M. de, 116.
Blammy ou Blémy, fief de, 93.
Blanchard, Laurent, 43.
Bois, Gaston du, 64, 65, 81.

Bois, Hue du, 69.
Bois, Allemande du, 81.
Bois-d'Arcy, 16, 17.
Boisse, Rémond de, 56.
Boissi, 100.
Boissière la, 5, 19.
Boissy, Pierre de, 146.
Bonin, Jehan, 93.
Bon-Enfant, 89 ; Jehan, 12.
Bonneville, Marguerite de, 76.
Bordes, Jacqueline des, 84.
Bordes, Jehan des, 94.
Borders, Guillaume de, 147.
Bossuet, François, 145.
Bost, Etienne, 112.
Boucel, Eudes, 62.
Bouchard, prieur de St Barthélemy de, Paris, 30.
Boucher, le, 142.
Boucherat, famille, 138.
Bouel, Gauthier, 56.
Boulic, la, 5, 16, 21, 22, 23, 88, 89, 90, 92.
Bougival, 15, 16, 17, 18.
Bourges, 146, 148.
Bourgeois, Jehan, 35.
Bourgogne, 99, 102, 106.
Bourguignon, Guillaume le, 93.
Bournezel, Pierre de, 82, 87, 88, 93, 94, 95.
Bourselière la, 110.
Bouteroue, Simon, 81.
Bouviers, 15, 17.
Bovart, Ameline et Thibault, 58
Braque, Marie, 77.
Bray, 58.
Breteuil, 99, 104.
Breton de la Bretonnière, Le, 90.

Bretonnière, La, 47 ; Jehan de, 112.
Bretesche, Phslippe de la, 63.
Briçonnet, 20 21.
Bridel, Mahiet, 88, 90.
Brimeu, Jean de, 106.
Brun, Adam le, 147.
Bruyères, les, 123.
Bruyères, l'étang des, 122.
Buc, 15, 16, 17.
Buch, le Captal de. 75.
Buchoire, 109.
Buisson, Jehan, 34.
Bures, 91.
Caen, 108, 109, 129.
Cambrai, Adam de, 113.
Camus, Jean, 69.
Canectancourt, 109.
Carcassonne, 102.
Carmin, l'écuyer, 103.
Carneaux, Les, 68.
Caron, Jehan le, 117.
Cauchon, Pierre, 103.
Cave, La, 16.
Caz, Pierre-Casimir du, 44.
Célestins de Paris, Les, 20 et suiv., 91, 96, 112, 116.
Celle-St-Cloud, La, 15, 16, 17, 19.
Cerny, 58
Cessoy, Henri, seigneur de, 59.
Cessoy, Vermond de, 59.
Chailliau, Pierre de, 112.
Chaillouel, Pierre de, 84.
Châlons, 96.
Champagne, abbaye de, 132.
Champignolles, Guillaume de, 84.
Champ-Noël, Le, 83, 88, 92, 94, 97.

Chandellier, Toussaint, 33 ; Constant, 126.
Chantilly, 99, 107, 117.
Chantre. Angelot, 91, 94.
Chappelle St-Denis, La, 57.
Chappelle, Guillaume de la, 59.
Chappelle, Jehan, 97.
Charles V, roi de france, 66, 67.
Charles VII, (id.', 96, 99, 100, 104, 118.
Charles IX (id.), 6, 76, 130, 131, 132, 133, 138, 139.
Charles le Mauvais, roi de Navarre, 75.
Charlotte, La fontaine de, 124.
Charmoy, Jean de, 81.
Charpignon, Agnès de, 67.
Charon, Jehan le, 34.
Chartres, Gérard, évêque de, 103.
Châteaudun, 129.
Châteaufort, 16, 18, 20, 23, 37, 75, 93, 94, 95.
Châteauneuf, Gervais de, 55.
Châtel, Jean du, 74.
Chatellier, Guillaume du, 60.
Chaumont en Vexin, 22.
Chaumontel, 69.
Chauveau, Jehan, 95.
Chavenay, 15.
Châville, 2, 5, 47.
Chemillé, 141, 142.
Chêne-Rond, Le, 36.
Chennevières, 72.
Chennevières, Pierre de, 67, 72 ; Adam et Jean de, 72.
Chenil de Noisy, Le, 18.
Cherbourg, 108
Chesnay, Le, 1, 15, 17.

Chesnelaye, La, 124.
Chèvreloup, ferme de, 16.
Chevreuse, Guy de, 51, 57, 64 ; Milon de, 51.
Chiverni, comte de, 137.
Choisy-aux-Bœufs, 2, 3, 16, 19, 40, 59, 69.
Clagny, 1, 16, 23, 36, 112, 113, 114, 123, 124.
Clayes, Les, 2.
Clément III, pape, 27.
Clerc, Michel le, 88.
Clermont, Claude-Catherine de, 131, 136, 139.
Clos-Toutain, Le, 15, 19.
Cocher, Jehan le, 95.
Colas, Jean, 114, 117, 118, 119, 121.
Colas, Philippe, 43; 121, 122, 123, 125, 126.
Colate, N..... de, 117 ; Madeleine de, 117.
Colombel, Guillaume, 110.
Colombier, Le, 117.
Cœur, François le, 44.
Compiègne, 58.
Constance, Concile de, 100.
Coral, Pierre de, 146.
Corbeil, Renaud de, 61, 64.
Cornehart, 5.
Cornillon, Raoul de 61, 62.
Cours-Blanches, Les, 72.
Courbevoie, 112.
Courceaulx, 53.
Courcelles, Pierre de, 67, 68, 69.
Coutances, 100.
Coutobert, Amelin, 35.
Cramault, Simon de, 90.

Crespy-en-Valois, 107.
Craon, Pierre de, 91 ; Jacques de, 105.
Cravant, Albert de, 53.
Crestot, Perrot, 34 ; Julienne, 35.
Croix-Rouge, La, 23.
Culée, La, 17.
Curmont, 61.
Damery, 117.
Dangueil, Guillaume de, 110.
Dauvet, Jehan, 112, 113 ; Michelle, 114.
David, Mathias, 123.
Deschamps, Jehan, 43, 124.
Digne, 104
Dives, 109.
Dommart-en-Ponthieu, 105.
Dourdan, Hervé et Jean de, 100.
Douvieux, 59.
Doyen, Magdeleine, 44.
Dreux, Philippe de, 59.
Dun-le-Roi, 103.
Dupuis, Jeeanne, 110.
Équancourt, Simon d', 58.
Éterpigni, 58.
Espau, abbaye de l', 132.
Escripvain, Robert l', 91.
Estouteville, Jacques d', 114.
Jean, 109.
Essarts, Les, 143, 145.
Essarts, Philippe des, 90, 116.
Etienne, abbé de St-Père de Chartres, 27.
Eudes II, comte de Chartres, 49.
Évreux, Guillaume, évêque d', 102, 103.
Évricourt, 109.
Fay, Le, 143.

Ferté, Ernaud de la, 55.
Fleury, René de, 124.
Flins, 54.
Flixecourt, Baudoin de, 73, 78, 98.
Florence, 130.
Fontenay-le-Fleury, 2, 16, 53, 112, 118.
Fontenay-le-Haut, 18.
Fontenay, Richilde de, 63.
Fontenier, Jehan, 38.
Formignies, 108.
Fossés, Les, 110.
Fourqué, Guillaume, 38.
Frépillon, 89, 92.
Fresnoy, de, 124.
Gais, Aimery de, 74.
Galles, prince de, 104.
Galie, 2, 16, 18, 36, 115, 130, 137.
Garges, Guillaume, Marie, Maleine, et Pierre de, 117.
Garlande, Manassés de, 61.
Gasteau, Jehan, 124.
Gasteblé, 83, 84, 86, 88, 89, 90, 93, 123.
Gaucourt, Louis de, 106, 107.
Gaulde, Jehan, 124.
Gautier, abbé de St Magloire, 30.
Gency, 60 ; Jean et Simon de, 60, 114, 119.
Genestes, Les, 88.
Genetay, Le, 97.
Genève, Jean, évêque de, 102, 103.
Gentien, Benoît, 102, 103.
Geoffroy, évêque de Paris, 26.
Geoffroy, abbé de St-Magloire, 30.
Gerson, 101.
Gislebert, évêque d'Évreux, 51.

Glanderon, Pierre de, 44.
Glatigny, 1, 11, 13, 16, 18, 35, 36, 47, 84, 86, 87, 89, 90, 112, 113, 126.
Gometz, Geoffroy de, 26.
Gometz, 91 ; Amaury, Geoffroy, Ours et Simon de, 51 ; Guillaume, Guy et Hodierne de, 52.
Gonesse, 58, 66.
Gondy, le cardinal de, 33.
Gondy, Albert de, 7, 128, 130, 133, 139, 142.
Gondy, Antoine de, 130.
Gondy, Charles de, 131, 141.
Gondy, Henri de, 8, 137, 139, 141, 142, 145.
Gondy, Jean-François de, 10, 22, 143, 144, 145.
Gondy, Philippe-Emmanuel de, 137, 139, 145.
Gondy, Françoise de, 133.
Gondy, Marguerite-Claude de, 133.
Gonnards, Les, 12.
Gouvieux, 70.
Gramont, M. de, 9.
Granche, Jean de la, 29 ; Robert de la, 92.
Grand, Richard le, 36 ; Jacques le, 101.
Grande-Maison, La, 17.
Grange-l'Essart, La, 10, 11, 22, 33, 41, 79, 92, 96, 97, 98, 116, 118, 122, 126, 130, 142, 143, 144.
Grégoire X, pape, 30.
Grésillon, Gillot, 75.
Grignier, archevêque d'Aix, 30.

Grigny, Gilles de, 99.
Grimi, Frédéric de, 54.
Grognet de Vassé, Lancelot, 133.
Gros, Gautier le, 103.
Guains, les, 34, 122.
Guéret de Voisins, 24.
Guesclin, Bertrand du, 75.
Guiencourt, Denis, de, 116.
Guillaume, évêque de Paris, 62.
Guillaume, évêque d'Évreux, 102, 103.
Guise, duc de, 133 ; cardinal de, 133.
Guyencourt, 2, 15, 16, 121.
Guyencourt, Jehan de, 94.
Halluyn, Forimond de, 133.
Ham, N.-D. de, 61.
Ham, Eudes, seigneur de, 61.
Hanches, 116.
Hannes, Jehan, 33.
Harme Richard, 59.
Haudricourt, 109.
Haute-Bruyère, 22, 83, 84, 86, 87, 90, 93, 94.
Haye, Guillaume de la, 113, 114 ; Jehan de la, 118.
Hébergerie, La, 16, 17.
Hébert, M$^{re}$ François, 44.
Hélie, abbé de St-Magloire. 53.
Henri II, roi de France, 130, 131.
Henri III, (id.), 138, 139.
Henri IV (id.), 7, 128.
Henri VI, roi d'Angleterre, 95.
Henri, prieur de Versailles, 30.
Henri, abbé de Saint-Denis, 57.
Herbouville, 95.
Hermende, Agnès la, 72.
Hermières, La Croix d', 87.

Huillier, Jehan l', 176.
Hurepoix, 1.
Huss, Jean, 102.
Ile-de-France, 104.
Incurables de Paris, 22.
Islariis, Ingelger de, 49.
Issy, Hilduin d', 62.
Jaillac-Duplessis, 24.
Jardies, prieur de, 93
Jean XXIII, pape, 102.
Joigny, Jean de, 101.
Joigny, comte de, 137, 139.
Jouvenel, Jean, 101.
Jouy, 16, 23.
Joyeuse, M$^r$ de, 134.
Judas, Pierre, 94.
Jullien, Pierre, 120.
Jumièges, Simon, abbé de, 102.
Lancastre, duc de. 104.
Lancelin, Pierre, 34.
Lagny, 107.
Langlois, Jaquin, 110.
Langres, 132.
Laon, 58 ; Sigebert de, 59, 61.
L'Arbroye 109.
Larguenye, Sevestre, 39.
Larquegnye, Jean et Philippe, 41.
Lassigny, 169.
Laubespine, Raoul de, 143.
Laumussier, 94.
Launay, moulin de, 93.
L'Aunaye des Buissons, 35.
Launois, Jean, 40.
Launoy, 91.
Launoy, Marin, 36.
Launoy, Jehan de, 36, 43, 44 ; Geoffroy de, 43 ; Marin de, 41-43.

Lebrun, 10 ; Marguerite, 10.
Lègue, 97.
Lehon, église de, 37.
Lemaire, Etienne et Jacques, 12.
Lessart, 2.
Liancourt, 60.
Ligneris, Antoine des, 33.
Lille, de, 84.
Lisieux, 108.
Livronne, Pierre de, 67.
Loisillon, Andry et Jean, 33.
Lome, Girard et Marie, 125.
Loménie, Martial de, 6, 7, 126, 127 ; Antoine de, 128, 129 ; Henri de, 129.
Longuejoue, Marie de, 113.
Longpont, 54.
Lorraine, 132,
Lotin, M<sup>re</sup> Fiacre, 40.
Louis XIII, roi de France, 7, 8, 9, 10, 20, 22, 129, 141, 143.
Louis XIV (id.), 4, 20, 22, 47.
Louis XV (id.), 24.
Louis XVI, 24, 48.
Louveciennes, 16, 18, 47.
Louvres, 110 ; Jean de, 99.
Lucius III, pape, 27.
Luxembourg, Pierre de, 106 ; M<sup>r</sup> de, 133.
Luzarches, 69.
Maignen, Jehan, Jehanne et Philippe le, 114, 119.
Maignelay, Agnès et Hugues de, 59.
Maine, duc du, 21.
Maire, Jehan le, 123.
Maistre, Jehan, 122.

Maladrerie de Versailles, La, 2, 90, 92, 93.
Malet, Jean, 96.
Mantes, 52.
Mantois, 1.
Marais, Le, 116.
Marchand, Jehan, 72.
Marche, Sébastien de la, 126.
Mareschal, Jehan le, 91.
Marets, l'étang des, 122.
Marie-Adélaïde de France, M<sup>me</sup>, 24
Mariettes, Les, 5.
Marillac (Michel de), 129.
Marly-le-Roi, 5, 16, 17, 19, 48, 69, 130, 141, 143, 145 ; Forêt de, 3.
Marly-le-Bourg, 16.
Marly, Mathieu de, 6, 56, 69 ; Mathilde de, 56.
Marmoutiers, abbaye de, 26, 27, 51, 52, 55.
Marnes, 19.
Marolles-sous-Broué, 74.
Martelière, Pierre de la, 143.
Martin, Jean, 10, 12.
Martroy fief du, 21.
Maugier, Jean, 99.
Maurice, évêque de Paris, 27, 54.
Meaux, 91, 101, 104.
Médicis, Catherine de, 127, 130, 136 ; Cosme de, 138 ; Marie de, 9, 129.
Melius, Hugues de, 49.
Melun, Adam et Urson, vicomtes de, 53.
Ménagerie, La, 16.
Mériot des Caves de Montmirail, 24.

Metz, le, 21, 23.
Mercier, Denis le, 142.
Meudon, 3, 15, 16. 19, 46, 48, 110.
Meulan, Galeran, comte de, 52.
Mézu, moulin à Chavenay, 15, 17.
Mignon, Jean, 147.
Milly, Adam de, 53.
Minière, La, 17, 36.
Moisenay, 52.
Molière, La, 71.
Mondescourt, 109.
Montalain, fief de, 5, 22, 23, 90, 91, 97. 111, 113, 116, 120.
Montbauron, 2.
Montbéliard, Girard de, 97.
Monchy, Jean de, 30.
Monchy-Lagache, 59.
Montreuil, 2, 5, 15, 16, 19, 20, 21, 23, 47, 48, 93, 120.
Montfermeil Eudes de, 61.
Montfort, forêt de, 8 ; Louis de, 30.
Montgeroult, 96.
Montlhéry, Guy Ier de, 52.
Montmartre, 57, 61.
Montméliant, 73, 99.
Montmorency, 61, 74 ; Mr de, 141.
Montmorency, Bouchard, Ie de, 52 ; Agnès de, 78 ; Mathieu de, 57, 67, 68.
Montorgueil, Pétronillle de, 70.
Mont-Valérien, Le, 42.
Moresse, Clérisse la, 69.
Moret, Bercelin de, 53 ; Guillaume de, 54 ; Ermesinde de, 54, 55.

Morin, Jean, 42 ; Jourdain, 103.
Morloët, la chaussée de, 95.
Morsan, Henry, 44.
Mortain, 108.
Mortefontaine, 81.
Mortemer, 11, 83, 84, 86, 88, 89, 90, 97 ; Germain de, 38.
Moucy-le-Vieil, 77.
Moulineaux, Les 17, 56.
Moustier Le, 97 ; le pré du, 123.
Musceloë, 19, 69.
Naudry, Jacques, 121, 125.
Neauple-le-Chastel, 122 ; Simon de, 50 ; Gaucher de, 52, 147.
Nesle, Phélippot de, 34, 37.
Netz, Geffroy de, 30.
Noailles, maréchal de, 24.
Nogent, 24 (la Grande et la Petite), 97.
Nogent-le-Roi, 75.
Noisy-le-Roi, 3, 7, 8, 16, 18, 130, 141, 142, 143, 144, 145.
Normandie, 108, 109.
Nouël, 84, 86, 87, 90.
Noyon, 147 ; Chapitre de, 59, 60.
Nulli ou Neuilly, 78 ; Thomas de, 79.
Oinville, Hue d', 95.
Orgerus, 51.
Orlande, 99.
Orléans, Louis, duc d', 101.
Orme-Rond, l', 5.
Ourcines, Oursines ou Ursines, 45, 63.
Pannier, Estiennot et Jehanne, 72.
Paris, évêché, chapitre de N. D. 26, 30, 61, 102, 132 ; Hôtel-Dieu de, 125.

Parisis, 1.
Pasque, Jehan, 4.
Pasquier de Montmiral, 43.
Pasquier, Raoul, 114.
Paste, Guillaume, 57, 58.
Passe de St-Antoine, Jehan, 35.
Paynel, Jacques et Jacqueline, 99.
Pecq, Pierre et Raoul du, 56.
Pelu, Robert le, 59.
Péréfixe, M$^{gr}$ de, 31.
Péron, du, 131, 132.
Péronne, 58.
Petit, Pierre, 99 ; Jehan, 123.
Philippe-Auguste, roi de France, 24, 55, 56, 58, 61.
Picardie, 104.
Pichon, Pierre, 114.
Picquigny, 104.
Pie IV, pape, 31.
Pied-de-Fer, Robert, 121.
Pierrefitte Guilaume de, 67.
Pierrefonds, Château de, 58.
Pierrepont, Robert de, 58.
Pilet, Hugues, 56.
Pilon, Germain, 138.
Pinard, Simon, 103.
Pinault, Jacqueline, 117, 128.
Pincerais, 1.
Piquet, Jehan, 108.
Piseau, 117.
Plailly, 71, 81, 82, 99.
Plaisir, 122.
Plancheptz, 123.
Plessis-le-Chastel, Le, 141.
Plessis-Raoul, Le, 110.
Poart, Jean, 118, 119, 126 ; Nicolas, 118, 119.
Poitou (Jehan), 36.

Pompadour, Geoffroy de, 44, 47.
Pologne, 130, 139.
Ponchet, Marin, 33.
Pont, Robert de, 100.
Pontoise, 128.
Porchéfontaine, 2, 16, 20, 21, 23, 46, 83, 112, 120.
Porcher, Etienne, 2.
Porte, Josselin de La, 56.
Postel, Antoinette, 140.
Prestot de La Granche, Jehan, 41, 43.
Prevot, Simon, 89.
Provence, 130.
Puteaux, 23.
Puy, du, 140.
Quarré, Charles, 44.
Quarreaux, Les, 93.
Quatre-Hommes, Jehan, 37, 122, 123, 124.
Queue, Jehan de La, 30.
Queue-Houdre, La, 90.
Quinquempoise, Jacqueline de, 67.
Quoquille, Milet, 95.
Raboureau, Symonet, 35.
Racines, François de, 129.
Rambouillet, 70.
Rameru, Hilduin de, 49.
Rasflot, Guillaume, 124.
Rémon, Jehan, 37, Michau, 37.
Rémond, Richard, 120.
Rémy, Robin, 75.
Renaud, abbé de St-Prix, 60.
Rennemoulin, 16, 18.
Retz, 133, 135 ; cardinal de, 140.
Ribours, Germain, 124.
Rigaud, Guillaume, 85 ; Jehan,

84, 85; Marguerite, 85, 88, 91, 94; Jacqueline, 85. 90, 92, 93, 94; Guillaume II, 85, 92; Perrinet, 85, 90; Guillemin, 80, 85; Jehan, 89, 90, 91, 92, 94; Marie, 91, 111, 112; Guillaume III, 91, 111.
Ritoire, ou Ritouère, La, 5.
Robert, Jehan, 113.
Roche, Pierre de La, 40.
Roche Mabille, La, 132.
Rochefort, Robert de, 36.
Rocquencourt, 1, 16, 47; Garnier, de, 6, 56, 57.
Roie, Barthélemy de, 58.
Roisel, Nicolas de, 60.
Roissi ou Roissy, Amaury de, 72; Jean de, 73, 78; Roberte de, 78; Roberte de, 78.
Roland, le petit, 107.
Romain, Nicolas, 72.
Romaincourt, 61.
Romaine, Jeanne La, 77.
Roonel, Guillaume de, 146.
Rouci, comte de, 58.
Rouen, 148.
Rouges, les Enfants, 125.
Rougemont, 81.
Rouville, fief de, 22.
Rouvrel, 109.
Roux, Alain, 34, Hugues le, 52; Guillaume le, 59.
Roy, Guillaume Le, 35; Regnault Le, 40
Roye, 59
Rueil, 19.
Rully ou Ruilly, 146.
Ruzé d'Effiat, Antoine, 143.

Sablonnière, La, 82, 88, 89, 90, 92, 93, 112.
Sabrevois, 5, Étiennot de, 80, 92, 93.
Saclay, 5; Saclé, 23.
Saint-Antoine du Buisson, 1.
Saint-Aubin d'Angers, 132
Saint Benoist, Marie de, 117.
Saint-Cloud, 7, 23, 64, 144.
Saint-Corneille de Compiègne, 59.
Saint-Crespin de Soissons, 132.
Saint-Cyr, 2, 147.
Saint Denis, 57, 60, 61, 65, 70, 76, 81, 82, 96, 146, 147; Jehan, Robert de, 66; Gauthier de, 67, 68.
Saint-Denis d'Oursines, 26.
Saint-Germain-en-Laye, 7, 27, 55, 60.
Saint Germain, Renaud de 55.
Saint-Germain du Chesnay, 1.
Saint-Germain de Villepreux, 26.
Saint Hilaire de Blaru, 50.
Saint-Jacques de Chalifer, 27.
Saint-Jean des Vignes, 132.
Saint Jehan, 88, 97; Jehanne de, 82, 99; Regnault de, 100.
Saint-Julien de Versailles, 2, 26, 49, 53. 64.
Saint Laurent, 81.
Saint Léger, 67; Jehan de, 80.
Saint Léger-en-Iveline, 8.
Saint-Magloire de Paris, 27, 31, 53, 55.
Saint-Mars, 5; Simon de, 64.
Saint-Martin des Champs, 54, 55,
Saint-Martin de Chaumont, 27.

Saint-Martin de Pontoise, 132.
Saint-Maur-des-Fossés, 53.
Saint Michel du Houssay ou de Bougival, 47.
Saint-Nicolas, des Bordes, 55 ; Saint-Nicolas du Chesnay, 1.
Saint-Nom-la-Bretèche, 7, 15, 16.
Saint-Ouen, 61.
Saint-Père ou Pierre de Chartres, 49.
Saint-Pol, comte de, 106, 107.
Saint-Prix, Renaud, abbé de, 60.
Saint-Quentin, 60.
Saint-Simon de, 61.
Saint-Valery-en-Ponthieu, 106, 107.
Sainte-Croix de Briis, 30.
Sainte-Croix d'Estampes, Chapitre de, 61.
Sainte-Geneviève de Paris, abbaye de, 56, 59, 66, 67, 69, 70, 72, 73, 74, 78.
Sanguin, Antoine, cardinal de Meudon, 46.
Sarry, château de, 95.
Satory, 1, 2, 10 ; Philippe de, 79, 122 ; Phélippot de, 92.
Sauce, Jehan, 88, 89 ; Andry, 92, Jehan, 93, 94.
Saunier, Jehan Le, 98.
Saussaye, La, 122.
Saveuse, Robert de, 106, 107.
Scépeaux, Guy V, Jeanne de, 142.
Sebille la Bonmère, 34.
Senlis, 60, 70, 107.
Sensuelle, Agnès la, 34.

Sensuelles, Les, 93.
Sergeolant, fief de, 5, 79, 88, 97, 98.
Sèvres, 15, 16, 23, 34, 47 ; Enjorrand de, 57 ; Gervais de, 85, 87, 92, 93, 94.
Simon, archevêque de Bourges, 60.
Soisy, 117 ; Jehan de, 36, 41, 75 ; Marguerite de, 114, 117, 118, 119, 120 ; Guillaume de, 114, 119, 141 ; Jehan de, 119, 120, 121 ; Marie de, 124 ; famille de, 126.
Soisy-aux-Bœufs, 140.
Soisy-sous-Montmorency, 140.
Sologne, Pierre, Nicolle, 126.
Somme, La, 104.
Sophie de France, M$^{me}$, 24.
Spars, Jacques de, 103.
Surgères, Jehan de, 100.
Suzay Grandru, 109.
Tallemant des Réaux, 142, 145.
Taverny, 117.
Tertre-Huet, Le, 94.
Thibault, Pierre-Mathieu, 25.
Thieucourt, 109.
Thiercelin, Clément, 112.
Tillay, Le, 109, 110.
Tillaye, La, 35 ; Michel de, 110, 111, 112 ; Yves, Jehanne de la, 112, 113, 114.
Torcy, de, 109.
Toscane, Ferdinand II duc de, 138.
Tour, Philippe de la, 106.
Tours, 148.
Toussus-le-Noble, 16.

Tremblay, Le, 17.
Tremblaye, La, 63.
Trépied, Le, 92, 97.
Trianon, 2, 7, 19 ; Jehannin le Pelletier de, 75.
Tronel, Hugues, 49.
Trou d'Enfer, Le, 17.
Trou-Moreau, Le, 16.
Ursins, Marie-Félicie des, 142.
Ursines, voyez Oursines.
Vaison, Jean, évêque de, 103.
Val, Florent du, 93.
Val, abbaye N.-D, du, 55, 57.
Val, Benoist, Le, 84, 89, 90, 92.
Val-de-Galie, Le, 14, 147.
Vannier, Philippe, 123-124.
Vaucheron, Le, 18.
Vaucourt, Louis de, 105, 106.
Vauhallan, 5.
Vaulusseau, 18.
Vélizy, 15, 44.
Vémars, 66, 71, 72, 73, 74, 77, 85, 99 ; Émeline de, 65 ; Pierre de, 65, 66, 67, 68.
Ventelet, de, 8.
Ver, Marie, dame de, 95 ; Jehan de, 95.
Vermandois, 110.
Vernon, Eudes, Pierre de, 50, 51 ; Hugues de, 51.
Verrière, La, 5, 22, 82.
Verrières, bois de, 19.
Versailles, Amaury de, 50 ; Blanche, 72 ; Gilles, 6, 17, 55, 56, 65, 67, 69, 70 ; Gillette, 79, 92 ; Gervais, 17, 55 ; Guy, 62, 63 ; Guy ou Guillaume, 148 ; Hugues, 26, 49, 55 ;

Isabelle, 74 ; Jean Ier, 54, 56 ; Jean II, 64 ; Jean III, 64 ; Jean IV, 69, 70 ; Jean V, 73, 75 ; 79, 80 ; Jean VI, 95, 99 ; Jean VII, 108 ; Jean dit l'Arcevesque, 147 ; Jehan, 147 ; Jeanne, 147 ; Mathilde, 64 ; Marguerite, 99 ; Milon, 62 ; Philippe, 62, 69 ; Pierre, 65, 67, 99, 101, 146 ; Regnaud I[er], 78, 98 ; Regnaud II, 99, 104 ; Renaudin, 81 ; Rigaud, 107 ; Robert Ier, 53, 56 ; Robert II, 63 ; Robert III, 72, 76, 82, 98, 99 ; Robert IV, 99, 100, 101 ; Roberte, 72, 73 ; Robinet, 100, 101 ; Roger, 62 ; Simon Ier et Simon II, 147.
Vexin, 21, 128.
Victoire-Louise, Marie de France, Mme, 24.
Vienne, Jean archevêque de, 102.
Vigne, La, 93.
Vignes, Jean des, 60.
Vigney, Janequin de, 88, 90, 94, 96, 115 ; Jean de, 96, 115 ; Antoine de, 116.
Villacoublay, 93, 94.
Villarcy, 15, 16, 17.
Ville-aux-Clercs, M. de la, 128.
Villebéon, Nicolle, Pierre de, 77.
Villeby, 106.
Villedavray, 12, 15, 16, 19, 21, 22, 23.
Ville Estolle, 92.
Villeneuve, Jean de, 103.
Villeneuve-sous-Maurepas, La, 147.

Villepreux, 1, 3, 15, 16, 17, 55, 130, 137, 144 ; Hervé de, 55.
Villeron, Péronnelle de, 69 ; Pierre Mallart de Villeron, 69.
Villeroy, de, 128.
Villers, Jehan de, 99.
Villetain, 23, 24.
Villette, Gilet de, 76.
Vincent, Jehan, 38.
Vire, 108.
Vitry, Guillaume de, 112.

Viroflay, 1, 2, 5, 12, 47 ; Galon de, 62 ; Jehan de, 62 ; Yvon, de, 63.
Vivier, Le, 19.
Voie-Rouge, La, 89.
Voisins-le Bretonneux, 15, 16, 18, 19.
Wiclef, Jean, 102.
Yerres, abbaye d', 74.
Yvon, Gilles, 94 ; Jehan, 84, 88, 89.

## ADDITIONS ET CORRECTIONS.

Page 11, onzième ligne : terres labourable, lisez labourables.

Page 58, à la suite de la deuxième ligne, ajoutez : En février 1210-1211, Gilon de Versailles est avec Guillaume, fils de Ménier et Jodocus de Septainville, baillis royaux, chargé de régler le différend entre l'abbaye de Coulombs et Raoul de Flins sur la terre de Tilly, près Blaru. (Archives de Seine-et-Oise. E. 2415.)

Page 70, quinzième ligne : il épouza en 1292, Pétronille de Montorgueil, au lieu de cette date lisez 1272. Il y a lieu d'ajouter à la suite de la neuvième ligne le document suivant qui vient à l'appui de cette dernière date : En août 1275, Gilet ou Gilles de Versailles, écuyer, et Pétronille de Montorgueil, son épouse, vendent à l'abbaye de Sainte-Geniève de Paris, une redevance de quatre muids de grains et la mairie de Soisy. (Cartulaire de Saint-Geneviève. Communication de M. de Dion.)

Page 75, dernière ligne, au lieu de capital de Buch, lisez captal.

Pages 86 et 87, Coustes et coiffins, lisez Coissins ; coussins, oreillers.

Page 106, vingt-et-unième ligne, au lieu de irent, lisez firent.

Page 120, vingt-septième ligne, au lieu de Renond, lisez Rémond.

Laon. — Imp. A. Cortilliot et Cie, rue Sérurier, 22.

# OUVRAGES DU MÊME AUTEUR

### EN VENTE A LA LIBRAIRIE

### Émile LECHEVALIER

Notice historique sur les Seigneurs de Noisy-le-Roi, 1871, in-8° de 22 pages. *(Épuisé)*.

Le Château et Couvent des Cordeliers de Noisy-le-Roi, 1878, in-8° de 36 pages avec un appendice et un plan du Château. *(Épuisé)*.

Notice sur Rocquencourt, 1880, in-8° de 16 pages avec gravure. 1 fr. 25.

Nobiliaire et Armorial du Comté de Montfort l'Amaury, en collaboration avec M. le Comte A. de Dion, 1881, 1 vol. in-8° de 468 pages. *(Épuisé)*.

Les Seigneurs de Marly-le-Roi, 1882, 1 vol. in-8° de 302 pages avec appendice, 2 planches de *blasons en couleurs*, 14 planches de sceaux et 2 gravures. — Préface de V. Sardou. 10 fr.

Bougival et la Celle-Saint-Cloud, préface de J. Claretie, 1884, 1 vol. in-12° de 132 pages. 3 fr. 50.

Bailly-en-Cruye et ses anciens Seigneurs, 1885, in-8° de 62 pages avec les vues des châteaux de Bailly et de Noisy-le-Roi. *(Épuisé)*.

Histoire de l'Étang-la-Ville, 1885, in-8° de 43 pages. *(Épuisé)*.

www.ingramcontent.com/pod-product-compliance
Lightning Source LLC
Chambersburg PA
CBHW060525090426
42735CB00011B/2368